列车辅助电源系统：效率提升与调制策略

许明夏　徐莹莹　辛文凯　等 编著

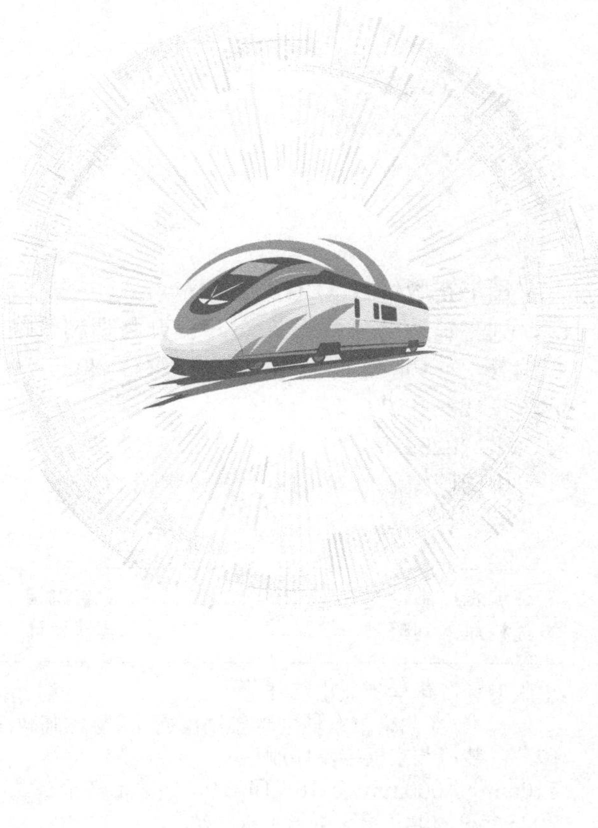

化学工业出版社
·北京·

内容简介

《列车辅助电源系统：效率提升与调制策略》是一本系统阐述列车辅助电源系统关键技术及创新方法的学术专著。本书内容涵盖辅助电源系统的技术发展、高频隔离直流变换模块的设计与控制、低感母线优化、T型三电平逆变器拓扑重构与并联控制，以及DPWM调制策略等关键议题。围绕“效率提升”与“调制策略”两大核心问题，深入剖析辅助电源系统的设计理论、优化方法及工程实践，旨在为轨道交通电气化领域的科研人员、工程技术人员及高校师生提供全面且前沿的参考。

本书兼具理论深度与实践价值，不仅适用于轨道交通电气工程、电力电子与电力传动等专业的教学与研究，还可为新能源车辆、航空航天等领域的电源系统设计提供借鉴。

图书在版编目（CIP）数据

列车辅助电源系统 ： 效率提升与调制策略 / 许明夏等编著. -- 北京 ： 化学工业出版社，2025. 9. -- ISBN 978-7-122-49011-7

Ⅰ. U292.9

中国国家版本馆CIP数据核字第2025AU0206号

责任编辑：满悦芝　　文字编辑：蔡晓雅

责任校对：刘曦阳　　装帧设计：张　辉

出版发行：化学工业出版社

（北京市东城区青年湖南街13号　邮政编码100011）

印　　装：北京天宇星印刷厂

710mm×1000mm　1/16　印张9　字数143千字

2025年9月北京第1版第1次印刷

购书咨询：010-64518888　　售后服务：010-64518899

网　　址：http://www.cip.com.cn

凡购买本书，如有缺损质量问题，本社销售中心负责调换。

定　　价：68.00元

前言

城市轨道交通（简称城轨）作为大运量、集约化、低排放的现代化公共交通方式，凭借其效率高、安全可靠性强等显著优势，已成为全球城市化进程与低碳经济转型双重背景下的核心城市基础设施。其在缓解交通拥堵、重构城市出行体系、推动公共交通可持续发展等方面发挥着不可替代的作用。

作为城轨车辆的关键能源枢纽，辅助电源系统承担着为空调机组、照明设备、控制设备等车载用电设备供电的核心职能，其能耗占比达整车总能耗的15%~25%。系统内三相逆变器、充电 DC/DC 变换器等关键电力电子装置的效能水平直接决定了车辆的运行安全性与能源经济性。随着系列化中国标准地铁列车项目的深入推进，辅助电源系统在功率密度提升、拓扑结构优化、控制策略创新等领域面临更为严苛的技术挑战。

然而，当前国内轨道交通领域尚缺乏系统阐述列车辅助电源系统优化理论与工程实践的专业著作。基于此，本书聚焦“效率提升”与“调制策略”两大技术主线，深入解析辅助电源系统的前沿技术演进与创新设计方法。全书兼顾学术前沿性与工程实践性，旨在为相关领域的研究与实践提供系统性参考。

本书以知识体系建构为导向，全面介绍列车辅助电源系统，尤其是高频辅助电源系统的关键技术。全书共分为 5 章：第 1 章为绪论，系统梳理列车辅助电源系统的技术发展脉络，揭示其在新型轨道装备中的战略定位；第 2 章重点介绍高频隔离直流变换模块设计及组合控制，涵盖三电平 Boost 变换器设计及控制、LLC 谐振变换器设计、多模块 ISOP（输入串联输出并联）组合控制策略，以及两组 Boost 串联架构电流纹波分析与抑制；第 3 章为直流功率模块低感母线的设计，创新性提出高频隔离直流变换模块的结构布局优化方法，包括两级式直流变换电路换流回路分析、杂散电感分析及叠层母排结构优化等系统性解决方案;第 4 章针对 T 型三电平逆变器开展拓扑优化与并联控制策略研究;第 5 章系统介绍空间矢量调制基本原理与模型，并深入探讨功率因数自适应的两电平及三电平 DPWM 控制策略。

本书内容设计与编排充分兼顾理论深度、实践指导性与创新特色，可为新能源车辆、航空航天等领域的电源设计提供参考；还可作为高等院校轨道交通电气工程、电力电子与电力传动等专业的参考用书，也可作为行业技术人员的进阶培训用书。

本书编写工作得到了辽宁省自然科学基金（批准号 2025-BS-0448）、辽宁省教育厅高校基本科研项目（批准号 LJ212410150040）、辽宁省交通科技项目（批准号 2024066）的资助，在此表示衷心的感谢！

本书由大连交通大学许明夏、徐莹莹、辛文凯、徐传芳编著。在本书的编撰过程中，广泛参考了国内外权威学术文献、技术标准及工程案例，在此向相关领域的专家学者致以诚挚谢意。限于笔者水平，书中难免存在疏漏之处，恳请读者批评指正。

希望本书能为推动列车辅助电源系统的技术进步与工程应用贡献绵薄之力。

作　者

2025 年 9 月

目 录

第 3 章 直流功率模块低感母线的设计 056

第 4 章　T 型三电平逆变器建模与控制　075

第 5 章　功率因数自适应 DPWM 调制策略　102

第1章　绪论

1.1　研究背景与意义

随着经济社会的高速发展，大、中型城市面积和人口不断增长，城市道路变得更为拥堵，通勤距离更长。针对制约经济发展和城市规模增长的空气污染、尾气排放等环境问题，城市轨道交通（以下简称城轨交通）因其高密度、大运量、占地少等特点，越来越普遍地成为大中型城市解决拥堵、改善交通能力的一种交通方式[1-2]。截至 2020 年底，大中城市城轨交通客运量已占公共交通客运总量的 38%以上，我国已有 45 个城市开通城市轨道交通，运营线路总长 7970km，“十三五”期间新增和累计城轨交通运营线路长度如图 1.1 所示[3]，其中：地铁运营线路达到 6280km，占城轨市场 78.8%份额；市域快轨占比 10%；轻轨占比 2.73%。我国城市轨道交通的发展仍然是以地铁为主，兼顾多种制式协同发展的模式，中国城轨交通正经历一个前所未有的蓬勃发展期，预计到 2026 年将突破 12000km。

随着市场规模的不断扩大，我国城轨交通技术水平也得到长远发展。列车装备整体水平已跻身世界前列，但关键系统和重要部件的技术优势不突出，部分核心技术仍依靠国外，与轨道交通的整体技术水平不相符，亟需提升核心装备关键技术的攻关能力[4-6]。《中国制造 2025》中指出，要大力推动包括先进轨道交通装备在内的重点领域突破发展，研制新一代绿色智能、轻量化、模块化

图 1.1 “十三五”期间新增和累计城轨交通运营线路长度

的先进可靠适用的轨道交通装备系统。

目前，城轨列车一般由各地方交通部门定制，采购单位相对独立，普遍存在列车装备系统功能不一致、接口不统一等诸多问题，导致车辆运行维护费用高、备品备件种类和数量大、无法互联互通和车辆技术标准体系不完善等现象，限制了城市轨道交通的高质量发展[7-9]。因此，亟须制定城轨的行业标准体系，建立智能交通、绿色生态、互联互通的一体化轨道交通系统。

基于国家和行业需求，2019 年 7 月，中国中车申报了国家重大技术装备攻关工程项目——“系列化中国标准地铁列车研制及试验项目”，联合中国城市轨道交通协会、各地铁公司、科研院校及协作单位共同实施。系列化中国标准地铁列车项目采用标准化、模块化、系列化的设计思路，继承既有地铁列车运用经验并结合国内地铁用户需求开发了具有技术前瞻性的自主化产品平台，目的在于突破关键核心技术，打造适合中国需求、技术先进的“标准化”地铁车辆平台，提高我国地铁装备标准化、模块化水平。目前，该项目主要研究速度 80km/h A 型车和 B 型车、速度 120km/h A 型车和 B 型车产品平台，车型间实现部件统型。系列化中国标准地铁列车的示范推广，将推动我国地铁车辆标准体系的进一步完善，增强我国城轨交通装备技术核心竞争力，为实现城市轨道交通高质量可持续发展奠定基础[10]。

20 世纪 90 年代之前，地铁辅助供电设备多采用旋转式发电机组，其原理是电动机从直流母线取电，然后由发电机发电提供给用电设备，车辆上的直流电源需要进行三相整流变换。该供电方式设备体积大，带负载能力低，母线电压波动时输出电压波动大，可靠性差。20 世纪 90 年代，随着电力电子技术的不断发展，静止式辅助供电电源开始出现，但功率器件采用 GTO（门极可关断晶闸管）。国内地铁辅助电源研究始于 20 世纪 90 年代后期，此时 IGBT（绝缘栅双极型晶体管）逐渐走向成熟，并逐步取代 GTO。1998 年，我国第一台 DC600V 地铁辅助电源研制成功。进入 21 世纪，国产化地铁辅助逆变器逐步投入使用。系列化中国标准地铁列车项目也对辅助电源系统进行了标准化统型。辅助电源是城轨车辆的重要组成部分，作为保障列车稳定安全运行的核心部件，在标准化、模块化、功率密度、效率和可靠性方面人们对其提出越来越高的要求。列车辅助电源把牵引网引入的直流电转换成三相交流电和低压直流电，为车辆空调、电热采暖、照明、空气压缩机、各系统控制电路及列车控制与诊断系统、车载信号和通信设备等提供电源。目前，我国自主化城轨辅助电源绝大多数采用 IGBT 功率器件，以两电平逆变器为主流。城轨辅助电源主要包含辅助逆变器和充电机，因此，辅助变流器对保障地铁车辆稳定运行、保证乘客的舒适度及人身安全具有重要作用。常见辅助电源的整车布局如图 1.2 所示。

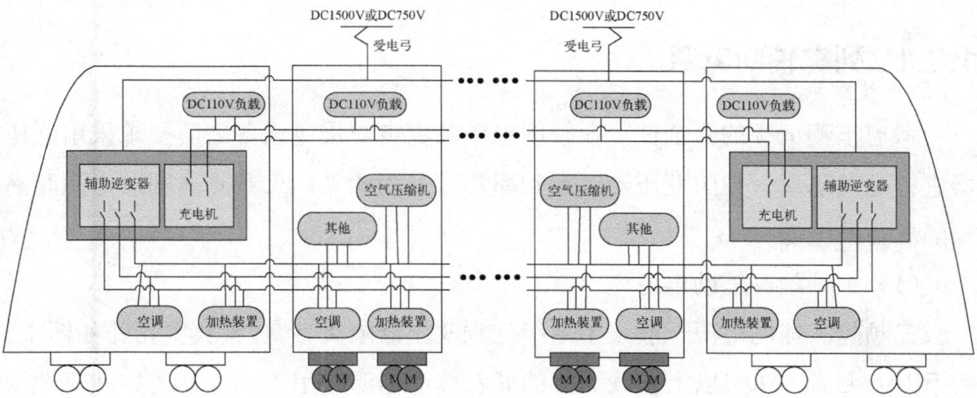

图 1.2 城轨车辆辅助电源布局示意图

目前，国外部分国家已具有完善的地铁车辆交通设施，辅助电源装置一直处于领先水平，生产厂家包括西门子、庞巴迪、阿尔斯通、ABB 等。近年来，国内轨道交通迎来了新的建设高潮，以中车集团为首的国内外轨道交通装备制造商，不断加强对地铁车辆变流装置的研究推广，涌现出众多自主开发研制辅助电源的厂家，例如：中车株洲所、中车大连电牵公司、中车青岛四方车辆研究所、北京纵横机电科技、南京华士、深圳英威腾等。在节能减排的要求下，现阶段国内高校和科研企业主要关注列车能量储存、再生制动和整车轻量化等牵引系统方面的工程化应用，而关于辅助电源高效节能的深入研究较少。

随着低碳战略的进一步实施，整车轻量化设计面临严峻挑战，也对辅助电源高效节能提出了更高要求。作为整车轻量化设计的重要一环，辅助电源占整车功率的 10%～20%，其高效率和高功率密度的需求日趋强烈。当前，整车朝着集成化、高频化、标准化的方向快速发展，研发新一代的高功率密度、高效率的辅助电源系统势在必行[11-12]。

基于此，在合作项目“标准化地铁高频辅助电源研制”的支持下，本书开展高功率密度列车辅助电源拓扑电路、PWM（脉冲宽度调制）控制策略和低杂散电感母线设计等方面的理论和实验研究工作，为轻量化、标准化城轨辅助电源的设计及应用提供科学支撑，进一步推动城轨交通的发展，实现节能减排的最大效益。

1.2 国内外相关研究现状

1.2.1 列车辅助电源

考虑车辆运行的安全性，在辅助电源的供电与用电设备之间要求采用变压器进行电气隔离。按照变压器运行频率，可分为两类：工频隔离辅助电源和高频隔离辅助电源。

（1）工频隔离辅助电源

工频隔离辅助电源一般采用单级工频变压器隔离方案，其典型拓扑如图 1.3 所示[13]。目前，90%以上正线运行的城轨辅助电源采用工频方案，如武汉地铁 6 号线、武汉地铁 8 号线、大连地铁 12 号线等。其优点：拓扑简单、元器件少、控制简单。

但工频隔离辅助电源具有很多不足，包括：

① 变压器体积大、质量重，约占辅助电源总质量的 1/3 左右，如额定容量 245kVA 的地铁辅助逆变器中的变压器质量为 650kg，占总质量的 35%。而工频辅助电源的功率密度仅为 90W/kg。

② 工频辅助电源效率低。采用高耐压等级的开关器件，器件开关损耗和导通损耗较大，导致辅助电源效率较低，如 245kVA 工频隔离地铁辅助电源的效率约为 90%。

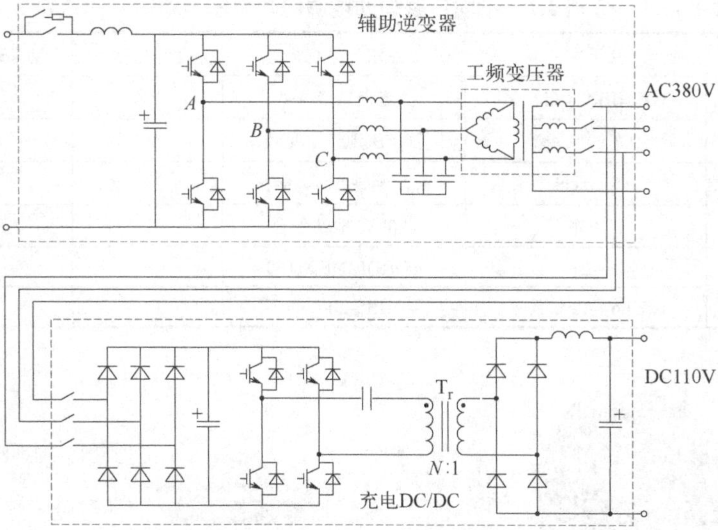

图 1.3 工频隔离辅助电源电路拓扑

③ 输出零序电压分量不可控。列车内通常需要单相 AC220V 负载，因此一般将工频变压器设计为 DYn11 组别连接方式，从变压器副边中点引出 N 线，会产生零序电流分量，但是三相逆变电路却无法控制零序电流分量。

为降低辅助电源的体积和质量，文献[14]，[15]采用基于三电平的工频辅助电源方案。由于采用低压 IGBT 功率器件，因此开关损耗和导通损耗都大幅降低，同时电流谐波分量也显著减小，散热装置和三相滤波电抗器的体积和质量都能降低，整机功率密度和效率得以提升。

（2）高频隔离辅助电源

随着整车对列车辅助电源的质量和体积提出了越来越严苛的要求，工频隔离辅助电源已不再适应轻量化轨道交通的发展趋势。为克服传统工频隔离辅助电源的众多不足，国内外科研机构开始研究轻量化高频辅助电源[16-18]。目前高频辅助电源厂家主要有 Siemens、ABB、Knorr-Bremse、中国中车等，不同厂家辅助电源的功率密度对比情况如表 1.1 所示。由表 1.1 可以看出，国外 Knorr-Bremse 厂家研制的高频辅助电源功率密度达到 298W/kg，远高于强迫风冷的工频辅助电源（132W/kg）；与国外厂家相比，国内自主研发的高频辅助电源在功率密度方面还有待提升。

高频辅助电源的变压器工作频率由工频 50Hz 提高至 18kHz，高频变压器质量可以降到工频变压器的 1/10，体积也显著降低，如图 1.4 所示。

表 1.1　不同厂家辅助电源的功率密度对比

类别	厂家	线路（平台）	容量/kW	功率密度/(W/kg)
工频隔离	TOSHIBA（自冷）	大连地铁 3 号线	140	90
	中车（风冷）	石家庄地铁 2 号线	245	132
高频隔离	Siemens	武汉地铁 2、4 号线	245	140
	中车	120kW 地铁平台	134	173
	ABB	BORDLINE M150	169	225
	Knorr-Bremse	P135-20/F60	155	298

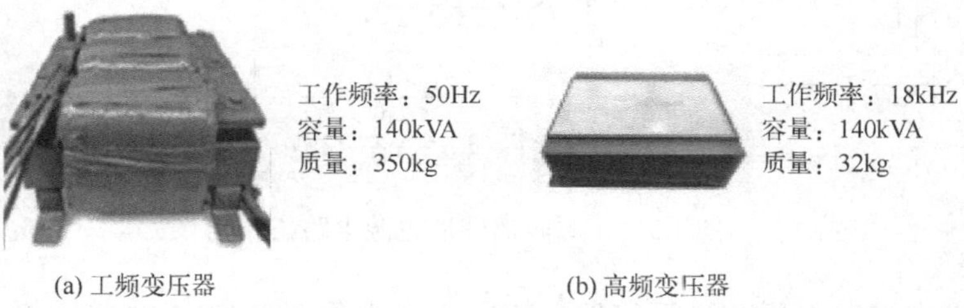

图 1.4　工频变压器与高频变压器参数对比

自提出列车辅助电源高频化以来，便引起了各国学者的极大兴趣，也取得了显著的研究成果。目前，国内外科研机构绝大多数采用的高频辅助电源电路拓扑如图 1.5 所示，本书称为传统高频辅助电源。该拓扑电路的前级高频隔离直流变换模块和后级三相逆变模块均采用两电平电路，效率仍有提升空间；同时充电 DC/DC 采用独立拓扑，体积和质量较大。

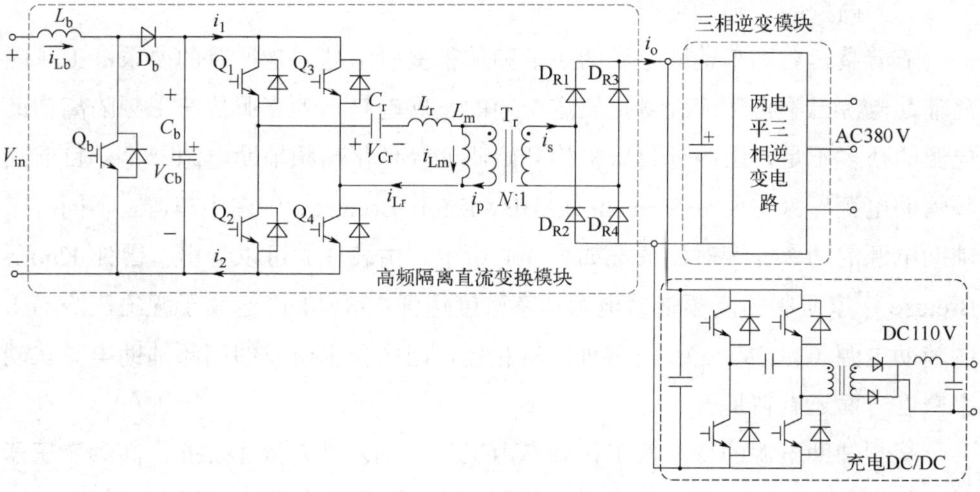

图 1.5　传统高频辅助电源电路拓扑

相比工频隔离辅助电源，传统高频辅助电源在体积和功率密度上具有一定优势，但是仍然无法满足城市轨道交通对轻量化的要求。于是，国内外科研院所和企业转向研制更高功率密度的辅助电源产品，将功率密度目标提至300W/kg，效率目标提至93%，本书称为第三代高频辅助电源。

1.2.2 隔离直流变换器拓扑与结构

高频隔离直流变换器是高频辅助电源的重要转换器，有着转换效率高、功率密度大等优点，按照功率变换级数，可分为单级式隔离直流变换器和两级式隔离直流变换器。针对中高电压的应用场合，可采用多直流变换器串并联组合方式来适应不同输入电压的应用需求，也是目前研究的重要方向。同时，低杂散电感母线设计对轻量化、标准化的紧凑直流变换结构设计至关重要。

（1）隔离直流变换器拓扑

常见大功率隔离直流变换器软开关拓扑电路主要有移相全桥变换电路和LLC谐振变换电路。

移相全桥变换电路具有宽电压范围的调节能力，但在负载较轻时，难以实现原边开关管的零电压开关（zero voltage switching，ZVS），其电路拓扑如图1.6所示。欲实现轻载情况下的ZVS，需要增加谐振电感，但谐振电感的增加又会加剧占空比丢失问题，这是相互矛盾的，需要折中处理[19]。文献[20]提出了增加原边串联饱和电感的方法来改善占空比丢失，但是饱和电感损耗较大，降低了变换器的效率。文献[21]提出增大原边的励磁电流来实现更宽负载范围的ZVS，但会增加原边导通损耗。

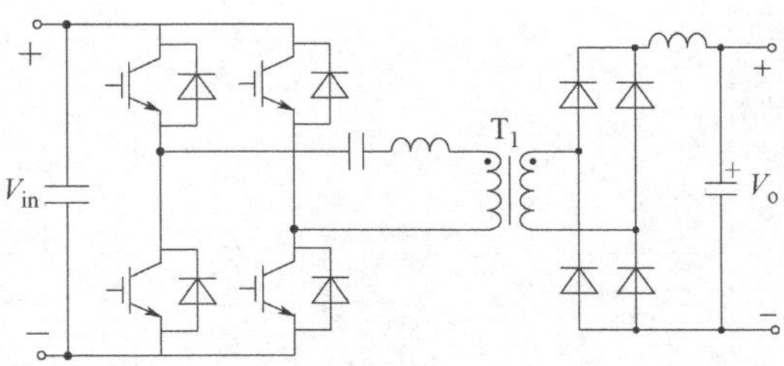

图1.6 移相全桥变换电路拓扑

LLC谐振变换电路采用变频控制，在全负载范围内，既可实现原边开关管的零电压开通，又可实现副边二极管的零电流关断，其对称半桥LLC谐振变换电路如图1.7所示。由于电压型电路无须输出电感，因此既可工作在升压模式，又可工作在降压模式[22-23]。同时 LLC 谐振变换器的谐振电感可用变压器漏感实现，便于集成设计。然而，当 LLC 谐振变换器在反向运行工况时，仍属于串联谐振，此时电压增益不超过 1，因此不适用于双向增益较大的场合。为了解决该问题，有学者在 LLC 变换器的基础上引入辅助励磁电感组成 π 形对称结构，提出了 π 形 LLC 变换器[24-25]。该变换器可以在不影响软开关实现的前提下，扩大双向工作的增益区间，具有与传统单向 LLC 变换器相同的增益公式。但是，加入对称辅助励磁电感，会使电路无功功率增加一倍，带来了系统体积增加和变换器运行效率降低的缺点，尤其是在轻载的工况下，转换效率较低。

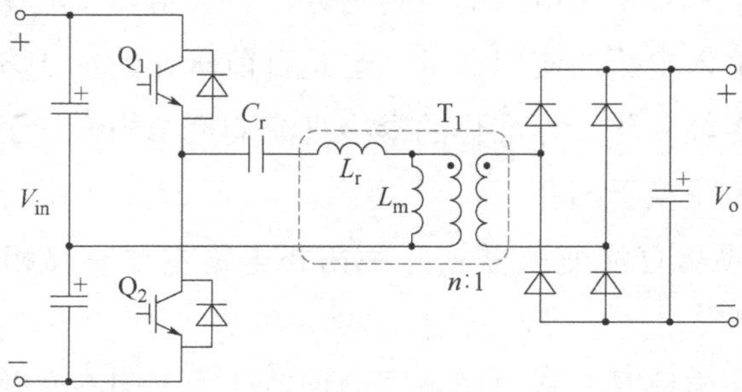

图 1.7　对称半桥 LLC 谐振变换电路

文献[26]针对宽电压增益范围的应用场合，提出了一种多电平工作模式的半桥 LLC 谐振变换器，如图 1.8 所示，通过自适应地在两种电平模式之间切换来扩展输出电压范围，通过拓扑重构的方法，可以减小工作频率范围，扩大电压适应范围。

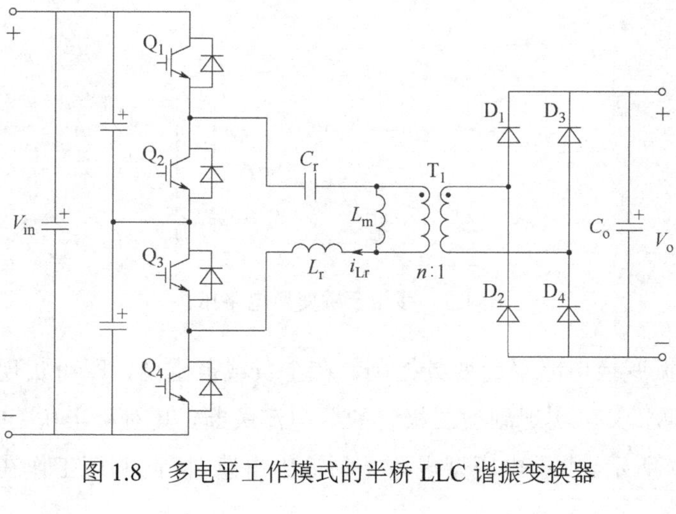

图 1.8　多电平工作模式的半桥 LLC 谐振变换器

LLC 谐振变换器可以实现原边开关管的 ZVS 和副边整流管的 ZCS（零电流开关），具有较高的效率。然而，城轨辅助电源的输入工作电压范围较大，如地铁的输入电压范围为 DC1000～2000V，在这种宽输入电压范围情况下，难以通过最优的参数设计使 LLC 谐振变换器工作在效率最佳工作点，因此传统单级式高频隔离 DC/DC 效率将会降低。一个通常的解决方法是采用级联变换器拓扑，如图 1.9 所示，利用前级预调节变换器，得到相对稳定的直流电压，作为后级 LLC 谐振变换器的输入，从而拓宽输入电压范围[27-30]。

（2）两级式高频隔离直流变换器拓扑

近年来，两级式高频隔离 DC/DC 变换器引起广大学者的关注[31-34]。文献[35]针对电动汽车的变换器应用场合，采用 Buck_Boost+LLC 两级式电路结构，前级 Buck_Boost 开关管的开关频率为谐振频率的三分之一，可降低开关损耗，提高变换器效率。文献[36]采用全桥变换器+LLC 两级式电路结构，前级全桥拓扑可以增大输入电压范围，后级 LLC 变换器可运行于最佳效率工作点。文献[37]、[38]提出了增加母线电容来平衡 Buck_Boost+LLC 电路的不对称电压，该方法在一定程度上优化了半桥变换器的中点电压偏移问题，但增加了电路的复杂度。文献[39]、[40]分析了半桥中点电压偏移的影响，指出中点电压偏移会导致变压器绕组正负半周期内平均伏秒值不完全相等，提出检测变压器原边电压，通过优化伏秒值差的脉宽调制策略，抑制不对称问题。文献[41]针对 LLC 谐振变换器软开关条件，提出变压器励磁电感设计方法和原则，为变压器设计提供了理论指导。

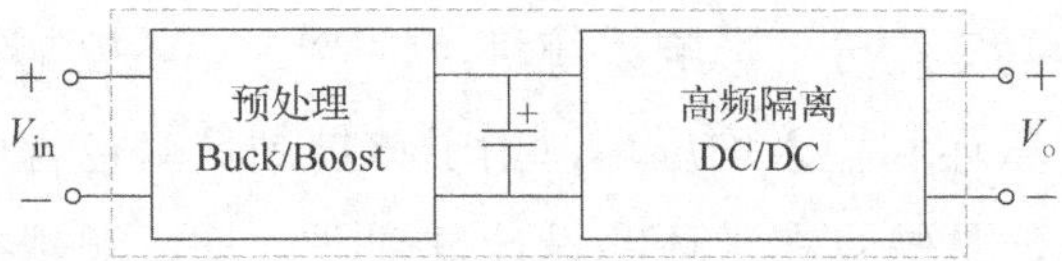

图 1.9 两级式直流变换器架构

1.2.3 多模块串并联组合控制

电力电子系统集成概念由美国海军研究院最早提出，在大功率应用场合，将电力电子的非标准分立器件按照功能组合成标准的通用模块，再把这些标准模块用搭积木方式，组合成不同的电力电子装置。电力电子系统集成具有很大的优势[42]，成为国内外科研机构研究的热点，其中一个重要的方向是将

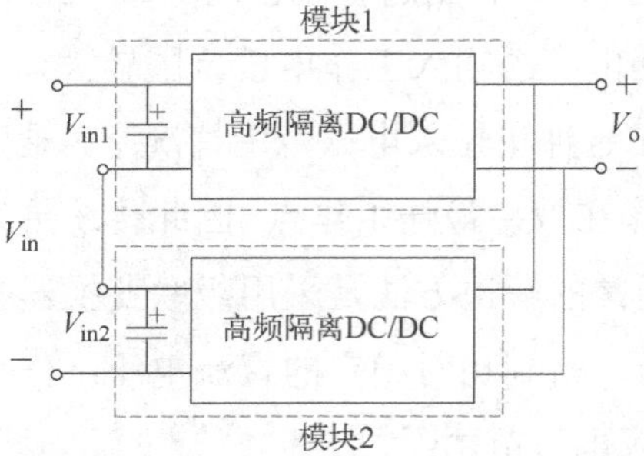

图 1.10　两组模块输入串联输出并联（ISOP）组合结构

多个标准化模块的输入/输出进行串并联组合，满足不同电压、电流和功率等级的要求。

根据不同供电制式列车辅助电源的兼容性要求，主要采用输入串联输出并联（input series output parallel，ISOP）方式，如图 1.10 所示[43-45]。ISOP 组合结构主要应用于输入高电压、输出大电流的场合，其优点主要有：

① 输入侧串联结构降低子模块开关管电压应力，输出侧并联结构提高输出功率范围；

② 子模块采用标准化、模块化设计，根据不同供电制式，可以多模块串并联组合，增加扩容的灵活性，简化设计过程；

③ 子模块采用低电压等级功率器件，开关频率较高，从而减小磁性元件的体积并减轻质量，提高变换器功率密度。

ISOP 组合变换器的关键控制技术是实现输入均压，输出均流。针对不同类型子模块的 ISOP 组合变换器，其控制策略可分为：集中式控制和分散式控制。其中，集中式控制策略包括：共占空比控制、三环控制、均压解耦控制和民主均压控制等。2003 年，R. Giri 等人提出了共占空比控制策略[46-47]，该控制策略共用相同的输出电压环和输出电流环，控制方式简单，但由于采用相同输出电压环与输出电流环，模块化程度较低。同时，各子模块参数不完全一致，不能实现子模块之间的功率均分，影响系统稳定性[48]。三环控制策略中的三环包括电流内环、输出电压环和输入均压环，由于该控制策略包含电流内环，因此动态响应会比较好，但是缺点在于环路设计复杂[49]。均压解耦控制策略采用独立的输出电压环和均压环，实现输出电压环与输入均压环的解耦控制，简化环路设计过程[50]。2007 年，K. Siri 等人提出了民主均压控制方式[51]，各子模块的输入电压经过二极管连接至输入均压母线，实现各子模块输出功率的自动调节。采用上述集中式控制策略，各子模块需要互相连线，导致系统的模块化程度低，可靠性差。

为解决集中式控制策略的不足，不少学者开展无互连线的分散式控制策略研究[52-54]。文献[52]提出了基于输出电压上翘的无互连输入均压控制，各子模块之间无互连线，相互独立控制，系统的模块化程度得到提高，但控制效果不如集中式控制策略。

1.2.4 低杂散电感叠层母排

大容量直流变换功率模块的紧凑结构设计，对列车辅助电源的轻量化、模块化尤为重要，可有效减小辅助电源的体积和减轻质量，同时为保证开关管正常工作电压，通常采用吸收电容来抑制开关管换流过程的电压尖峰，给功率模块紧凑设计带来了挑战。因此，无吸收电容的低杂散电感直流母线技术，逐渐成为轨道交通变流产品的一个重要研究方向。

近年来，叠层母排因其低杂散电感、载流大、结构紧凑等优点，在轨道交通变换装置中备受关注。大容量变换器的电压、功率等级较高，需要满足各部件的绝缘间距要求，变换器的整体体积较大。采用传统汇流方式（铜排、电缆等）将引入较大的杂散电感，影响装置运行的可靠性和稳定性[55]。与传统汇流方式相比，高可靠性、低杂散电感的叠层母排在大容量、高功率密度的应用场合具有较大优势，可以减小换流回路围成的面积，有效地降低等效杂散电感值，并且装配简单，有利于提高变换器的功率密度[56-60]。因此，叠层母排被广泛应用于储能并网[61]、电动汽车[62-63]、固态变压器[64]和高铁[65]等场合。

近年来，许多学者对叠层母排杂散电感的建模、提取、分析和优化进行了大量研究[66-70]。目前，针对叠层母排杂散电感的建模、提取和分析方法主要有：理论解析法、部分元电路等效法和有限元分析法。理论解析法主要利用麦克斯韦方程，列出规则平行母排的杂散电感解析表达式[71]，得到其等效参数分布模型，并推导出叠层母排参数分布模型与结构参数之间的理论关系[72-73]。但理论解析法的计算量非常大，且整个计算过程十分复杂。部分元电路等效法主要利用积分形式的麦克斯韦方程，将复杂的叠层母排分解为若干个规则的小部分元，然后分别计算每个部分元的杂散电感参数，通过基本串并联原理，推导出叠层母排的等效电路模型[74-75]。该方法具有建模容易、物理意义清楚等优点，但是，随着叠层母排的结构复杂度提升和层数增加，等效电路模型建立较为困难。有限元分析法能够快速准确地分析不同叠层结构对母排杂散参数的影响，并且能够实现并联器件电流不均衡度和突破电容容值的分析[76]，但是大容量电力电子变换器的叠层母排与功率器件之间的相互作用很难通过有限元分析来实现。

叠层母排可将一个换流回路中两个方向相反的电流，通过不同导体层紧密地贴合在一起，换流回路围成的面积极小，有效地降低等效杂散电感值。叠层母排具有低杂散电感的特性，可以有效地抑制 IGBT 和 MOSFET（金属-氧化物-半导体场效应晶体管）等功率半导体器件的开关振荡电压，并且装配简单简洁，有利于提高变换器的功率密度，节省连接器件的空间。

目前，关于低感母排的研究成果主要集中在双层母排的杂散电感分析上，较少涉及对多层母排的杂散电感评估。随着多级拓扑[77-78]、多并联器件[76]和多电平变换器[79-82]的广泛应用，总母排层数逐渐增加，因此有必要深入研究多层复杂母排的杂散参数特性。多变换器共直流母线的多层复杂母排存在变换器间换流回路相互耦合情况，给杂散电感建模和参数提取带来很大难度。同时，叠层母排的杂散电感受空间结构、功率器件布局以及多母线电容并联等多方面的影响，不同变换器拓扑下的不同母排叠层架构在杂感方面差异较大，因此进行叠层母排杂散参数的瞬态分析和叠层母排结构优化设计是城轨辅助电源系统的一个重要课题。

1.2.5 列车多电平逆变电路拓扑

使用多电平逆变电路是提高系统效率和功率密度的有效方法，是轨道交通辅助电源的重要研究方向[83-84]。但是基于列车的安全性和可靠性考虑，目前国内外厂家主要研究辅助电源的三电平逆变电路。常见三电平逆变电路拓扑有：二极管中点钳位三电平（NPC）逆变器、T 型中点钳位三电平逆变器和飞跨电容（FC）三电平逆变器，如图 1.11 所示。

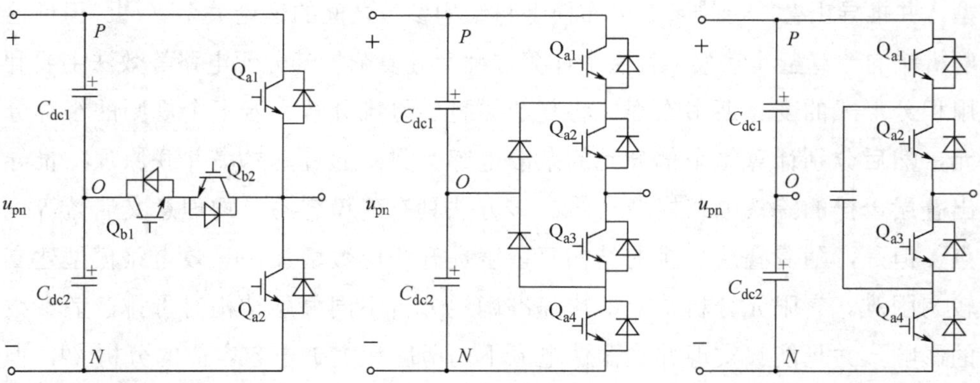

(a) 二极管中点钳位　(b) T型中点钳位　(c) 飞跨电容

图 1.11　三电平逆变电路拓扑

二极管中点钳位三电平拓扑（NPC-3L）广泛应用于中高压变换器场合，但是存在开关管损耗分布不均匀的问题，同时电流路径的开关管数量较多，导通损耗占比大，系统功率密度优势不明显[85-86]。为了改进 NPC-3L 拓扑开关管损耗分布不均匀的问题，有学者提出有源中点钳位三电平拓扑（ANPC-3L），通过控制零电平时的不同通路，使开关管损耗均匀分布，可提升系统功率密度[87-88]。除上述两种拓扑外，T 型三电平逆变器也是研究的热点，其在 1000V 直流母线的光伏逆变器中得到广泛应用，中等功率等级光伏变换器的加权效率可以达到 98%。然而，当直流母线电压提升到 1200V 等级时，T 型三电平电路的竖桥需要采用 1700V 以上耐压等级的开关管，导致开关损耗大幅增加；若降低开关频率，又会使功率密度降低。文献提出采用逆阻型 IGBT 的 T 型三电平拓扑，可以减小导通损耗，但会带来开关损耗的增大[89-90]。文献[91]采用飞跨电容三电平逆变器，该电路存在飞跨电容体积较大、电容控制策略复杂等不足，因此该拓扑的适用场合比较小。

1.2.6 调制策略

PWM 控制策略是电力电子变换器的重要研究方向，选择合适的 PWM 控制策略，可减小系统损耗，有助于辅助电源的轻量化设计。目前，主流的 PWM 调制策略主要包括载波脉宽调制（carrier-based pulse width modulation, CBPWM）[92-93]、空间矢量调制（space vector pulse width modulation, SVPWM）[94-95]、特定次消谐 PWM（selective harmonic eliminated pulse width modulation, SHEPWM）[96-97]、不连续脉宽调制（DPWM）[98-99]等，这些技术均已得到国内外学者的广泛研究。

CBPWM 具有原理简单、易于实现等优势，但存在直流电压利用率低的缺点。SVPWM 源于电机磁链控制思想，利用电压空间矢量合成开关脉冲，具有直流电压利用率高的优势被广泛应用。文献[100]、[101]提出了 SVPWM 与 CBPWM 之间的内在联系，推导归一化算法。在低调制比下，SHEPWM 通过优化开关角度选择，实现消除特定次谐波的目标，具有等效开关频率低、输出谐波性能好的优点，其不足在于求解算法实现过程相对复杂[102]。DPWM 因其 1/3 开关周期内开关管不动作，开关管的开关损耗显著降低，可以提升系统效率。DPWM 控制策略具有低开关损耗优势被广泛应用在大功率场合，已成为轨道交通、交流传动、风电变流器等领域的研究热点[103-105]。

有学者从空间矢量放置的角度对不同的 PWM 调制策略进行分析，SVPWM 和 DPWM-Min 的电压脉冲矢量分布情况如图 1.12 所示。对比图 1.12（a）和（b），可得不同的调制策略在任意开关区间内，线-线电压脉冲的有效作用时间相同，仅是零矢量（***SV*0**、***SV*7**）配置和分布不同[106]。

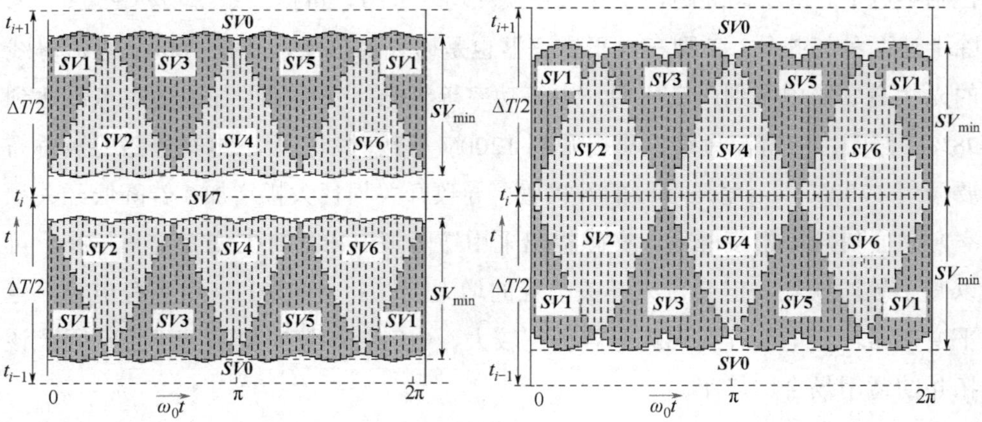

(a) SVPWM调制　　(b) DPWM-Min调制

图 1.12　不同 PWM 在一个基波周期内的矢量分布

文献[107]～[110]对不同 DPWM 策略进行理论分析，根据 DPWM-Max、DPWM-Min、DPWM0～2 的零矢量分配情况，总结出不同 DPWM 策略的统一化模型，并在开关损耗和谐波性能方面进行对比分析。文献[111]以减少输出电流波动为目标，提出不同 PWM 混合调制策略，选取相应开关序列提升电压性能。文献[112]～[114]提出适用于低开关频率的同步 DPWM 控制，优化逆变器输出波形质量。文献[115]、[116]主要研究在不同 DPWM 控制方式下，输出的共模电压和谐波电流抑制问题。

在三电平大功率应用场合，DPWM 低开关损耗性能也得到重视并推广，但是三电平 DPWM 控制需要避免出现相电压跨电平跳变，同时还要折中考虑开关损耗、电压谐波与中点电压平衡等问题。文献[117]分析了 SVPWM 和 DPWM 原理，提出两种改进型 DPWM 开关序列，并做了性能对比；文献[118]提出不同 DPWM 控制策略在中点电位、电容电流纹波、输出电压谐波、开关损耗方面的性能评价体系和对比分析结果；文献[119]～[121]提出三电平 DPWM 中点电位控制算法，可消除中点电位直流偏移，但无法消除中点电位低频振荡，特别是在高调制度的工况下，效果不明显；文献[122]提出了 DPWM 模式动态切换的方法，实时控制中点电位平衡，但是切换过程将增加额外的开关动作，从而增加开关损耗；文献[123]提出降低共模电压的 DPWM 调制方法，该方法有效降低三相输出的共模电压，但是无法很好实现中点电位控制以及降低开关损耗的目标；文献[124]提出 DPWM1 和 DPWM2 相结合的调制策略，通过控制角 θ 来调节 P 与 N 的钳位长度，实现对中点电位的平衡控制，如图 1.13 所示。当负载出现较大的不平衡时，通过 PWM 调制策略调节中点电位能力有效，因此需要从软件和硬件方面进行综合考虑。

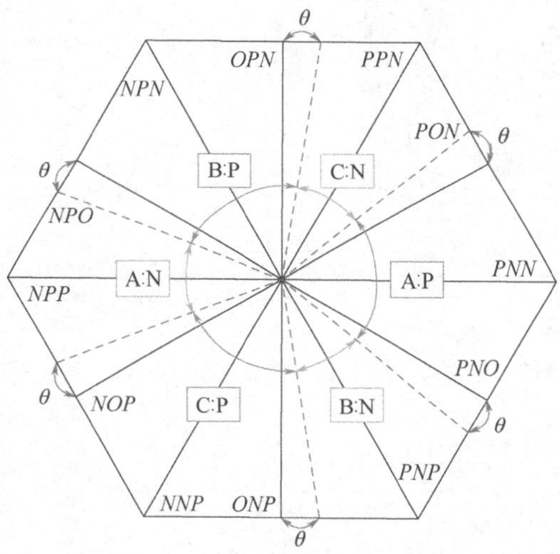

图 1.13 电压控制角度调节原理

列车辅助逆变器的负载工况十分复杂，以及负载功率因数实时变化，传统 DPWM 控制策略无法实时跟踪负载电流相位变化，无法实现开关管的最小开关损耗。因此，开展三电平逆变器的最小开关损耗 DPWM 研究具有重要意义。

1.3 列车辅助电源系统展望

依托本书研究工作，已完成 160kVA 高频辅助样机试制，取得一系列研究成果，但是还存在一些不足。后续有待进一步研究的内容有：

① 已完成两组高频隔离直流变换模块的输入串联输出并联（ISOP）组合控制的实验验证，可以满足目前城轨 DC750V 和 DC1500V 供电制式的应用场

合。而动车和高铁的辅助电源输入电压为 DC3000V 等级，并且提出辅助电源轻量化的迫切需求。后续需要进行 4 个高频隔离 DC/DC 模块的 ISOP 组合实验验证。

② 高频辅助电源前级直流变换器的整流部分与后级 T 型三电平共用叠层母排，无法进行 PFA-DPWM（基于功率因数自适应的 DPWM）与 SVPWM 调制下的效率测试，后续搭建新实验平台进行对比分析。

③ 后续继续对叠层母排进行热、磁场的深入仿真研究，同时对多个开关管并联均流的叠层母排设计展开研究。

第 2 章 高频隔离直流变换模块设计及组合控制

列车辅助电源常用的供电制式有 DC750V 和 DC1500V，供电电压的波动高达±30%，给变换器的高效运行带来巨大挑战。本书提出 Boost-LLC 两级式高频隔离直流变换器，充分发挥 Boost 和 LLC 电路的各自优势，适应宽输入电压波动的应用场景。针对不同的供电制式，采用直流变换器的模块化设计，实现直流变换模块输入串联输出并联（ISOP）组合控制。

2.1 集成式高频隔离直流变换电路

传统高频辅助电源拓扑电路（见图 1.5）相比工频隔离辅助电路，具有一定的功率密度优势，但是仍无法满足轨道交通对辅助电源轻量化的要求。传统高频辅助电源主要存在的不足有：首先，将前端高频隔离直流变换模块和 DC110V 充电 DC/DC 模块分开设计，使整机的功率密度难以提升；其次，传统高频辅助电源的 Boost 模块和三相逆变模块均采用两电平电路，效率难以提升。

2.1.1 集成式高频隔离直流变换拓扑

基于传统高频辅助电路的上述问题，集成式高频辅助电源拓扑可对充电DC/DC电路实现高度集成，如图2.1所示。

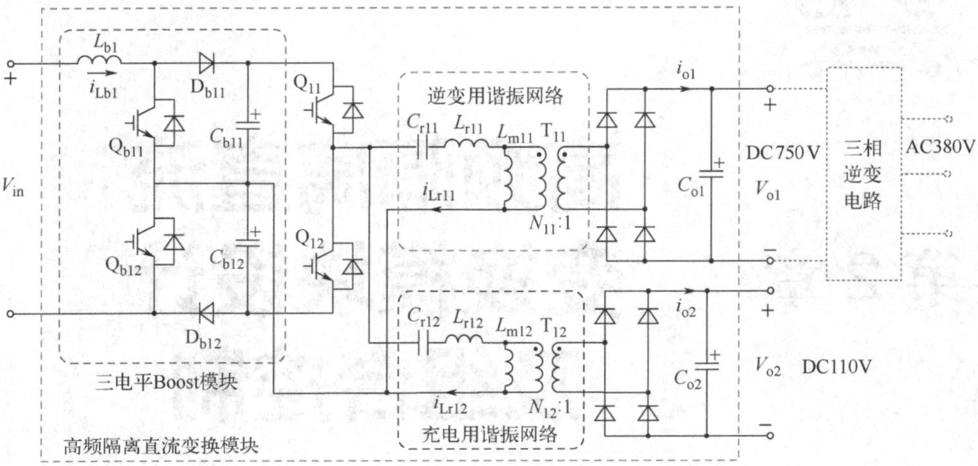

图2.1　提出的集成式高频辅助电源拓扑

集成式高频辅助电源，主要优势有：

① 采用三电平Boost电路，实现PWM交错控制，极大减少Boost电感电流的纹波，降低Boost电感的损耗和体积；

② 与传统高频辅助电源相比，采用多个LLC谐振网络的集成，有助于紧凑型结构设计，功率密度和效率得到提升；

③ 充电DC/DC与前级高频隔离直流变换电路共用一组开关管，减少开关器件数量，提高变换器的功率密度。

在140kW功率情况下，传统高频隔离辅助电源（图1.5）和本书提出的集成式高频隔离辅助电源（图2.1）的各部件损耗计算分析如图2.2所示。可以看出，与传统高频隔离辅助电源相比，本书提出的集成式高频辅助电源方案，系统损耗降低约10%。

根据不同车型和应用场合，轨道交通车辆有多种供电制式，如DC750V、DC1500V、DC3000V等。集成式高频辅助电源，通过Boost-LLC两级式直流模块的输入串联输出并联（ISOP）组合控制，可以实现城轨车辆模块化、标准化设计思想，如图2.3所示。

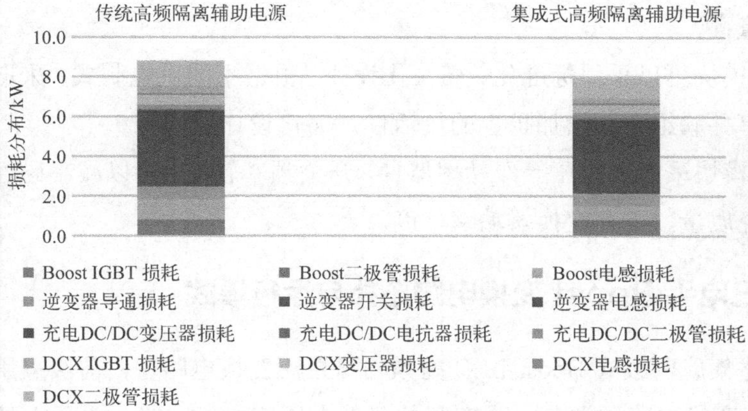

彩图

图 2.2 集成式高频辅助电源与传统高频电源的损耗分析对比

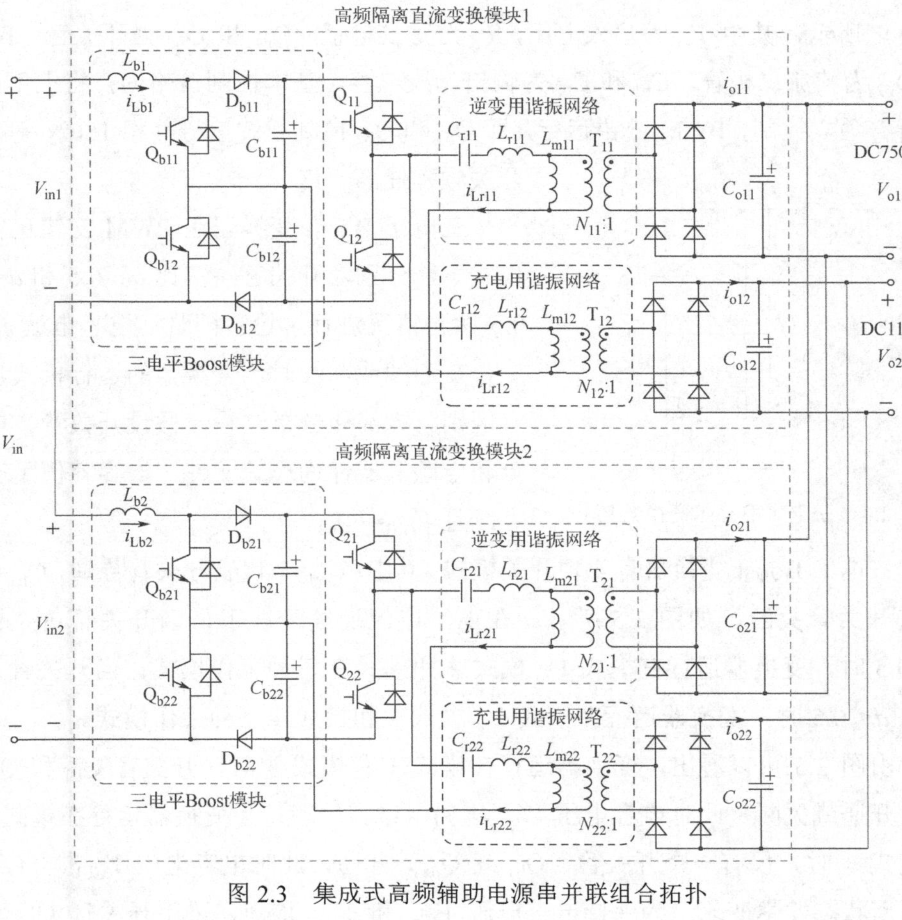

图 2.3 集成式高频辅助电源串并联组合拓扑

采用多组直流变换模块 ISOP 组合，主要优点有：

① 输入侧串联结构降低子模块开关管的电压应力，输出侧并联结构提高输

出功率容量；

② 子模块可以采用标准化、模块化设计，根据不同供电制式，采取多个子模块进行串并联组合，增加扩容的灵活性，简化设计过程；

③ 子模块采用低耐压等级功率器件，开关频率较高，可以减小磁性元件的体积和减轻质量，提高变换器功率密度。

2.1.2 三电平 Boost 变换电路拓扑与运行模式

在上述集成两级式 Boost-LLC 高频隔离直流变换电路中，前级采用三电平 Boost 直流变换电路预调节，具有开关器件电压应力低、输出电压谐波小等优点，在效率和磁性器件体积上有较大优势。三电平 Boost 直流变换电路拓扑如图 2.4 所示，其中 V_{in} 为输入电压，L_b 为滤波电感，Q_{b1} 和 Q_{b2} 为开关管，D_{b1} 和 D_{b2} 为续流二极管，C_{b1} 和 C_{b2} 为输出母线电容。基本控制策略为：将上下两个桥臂独立控制，PWM 交错运行，即 Q_{b1} 和 Q_{b2} 控制载波信号移相 180°，等效开关频率提高一倍。

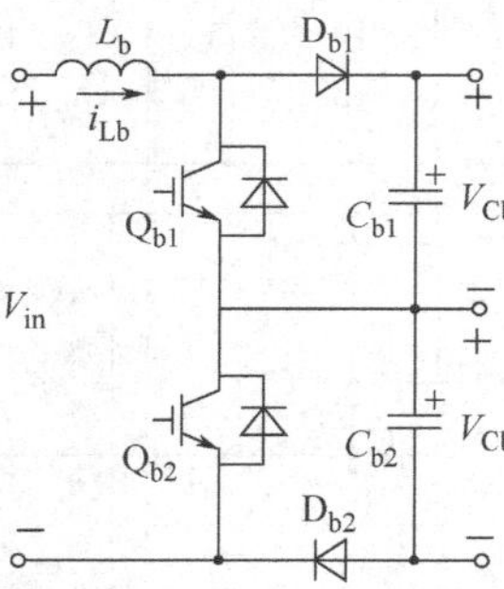

图 2.4 三电平 Boost 变换器拓扑

三电平 Boost 变换器在 PWM 交错运行模式下，分别对开关管占空比 $d \geq 0.5$ 和 $d < 0.5$ 两种情况进行讨论；同时，电感电流 i_{Lb} 工作在连续或断续时，变换器的运行模式也有区别。为简化分析过程，假设开关管、电容和电感等器件为理想元件；电容容值足够大，且 $V_{Cb1}=V_{Cb2}$。

三电平 Boost 变换器有 4 种开关模式，其中：$Q_{b1}=1$ 代表开关管导通，$Q_{b1}=0$ 代表开关管关断，如图 2.5 所示。在电感电流连续情况下，当开关管占空比 $d \geq 0.5$ 时，变换器运行在模式 1、模式 2 和模式 3 三种工作模式；当开关管占空比 $d < 0.5$ 时，变换器运行在模式 2、模式 3 和模式 4 三种工作模式。

由图 2.5 可以看出，变换器运行在模式 1 和模式 4 时，开关管 Q_{b1} 和 Q_{b2} 同时开通或关断，此时电容电压 V_{Cb1} 与 V_{Cb2} 维持平衡；当变换器运行在模式 2 和模式 3 时，仅有一个开关管（Q_{b1} 或 Q_{b2}）开通，此时电容电压 V_{Cb1} 与 V_{Cb2} 的平衡状态发生变化。为保持电容电压 V_{Cb1} 和 V_{Cb2} 均衡，采用开关管 Q_{b1} 和 Q_{b2} 共用占空比的控制方式，即 $d_1=d_2=d$。同时，利用 PWM 交错运行，有效降低 Boost 滤波电感的开关纹波。

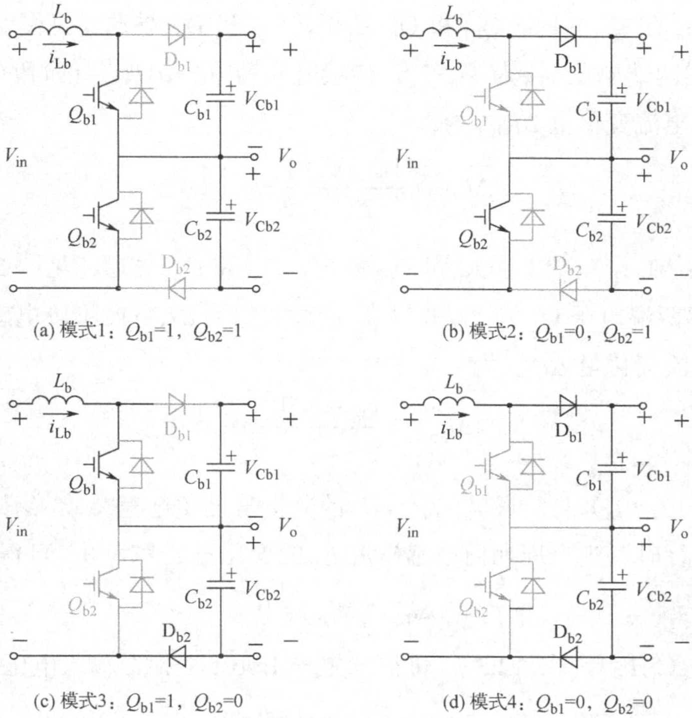

(a) 模式1：Q_{b1}=1，Q_{b2}=1　(b) 模式2：Q_{b1}=0，Q_{b2}=1

(c) 模式3：Q_{b1}=1，Q_{b2}=0　(d) 模式4：Q_{b1}=0，Q_{b2}=0

图 2.5　三电平 Boost 直流变换器工作模式

当 d<0.5 时，三电平 Boost 变换器各阶段的分析波形如图 2.6 所示。在半个开关周期 T_s 中，滤波电感 L_b 达到伏秒平衡。

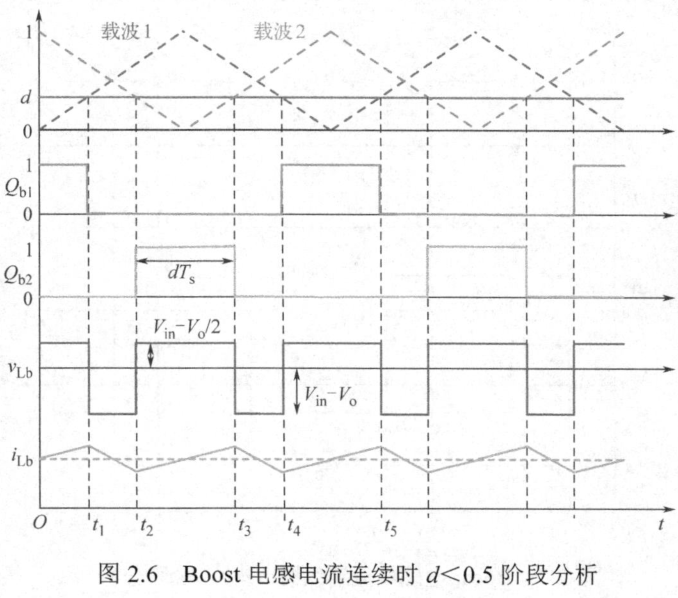

彩图

图 2.6　Boost 电感电流连续时 d<0.5 阶段分析

阶段 1：在 t_1～t_2 时，Q_{b1} 和 Q_{b2} 截止，D_{b1} 和 D_{b2} 导通［见图 2.5（d)，模式 4］，电感两端电压 v_{Lb} 为 $V_{in}-V_o$，持续时间为$(0.5-d)T_s$。此阶段电感电流 i_{Lb} 线性下降，电流变化量 Δi_{Lb-1} 为：

$$\Delta i_{Lb-1}=\frac{V_{in}-V_o}{L_b}\left(\frac{1}{2}-d\right)T_s \tag{2.1}$$

阶段 2：在 t_2～t_3 时，Q_{b1} 和 D_{b2} 截止，D_{b1} 和 Q_{b2} 导通［见图 2.5（b)，模式 2］，电感两端电压 v_{Lb} 为 $V_{in}-0.5V_o$，持续时间为 dT_s。此阶段电感电流 i_{Lb} 线性上升，电流变化量 Δi_{Lb-2} 为：

$$\Delta i_{Lb-2}=\frac{V_{in}-0.5V_o}{L_b}dT_s \tag{2.2}$$

阶段 3（t_3～t_4）与阶段 4（t_4～t_5）的分析与上述过程类似，不再叙述。

稳态运行时，半个周期内电感电流 i_{Lb} 的变化量之和为 0，可得：

$$\Delta i_{Lb-1}+\Delta i_{Lb-2}=0 \tag{2.3}$$

结合式（2.1）～式（2.3)，可得三电平 Boost 变换器输入电压与输出电压的关系为：

$$V_o=\frac{V_{in}}{1-d} \tag{2.4}$$

当 $d\geqslant 0.5$ 时，变换器各阶段的分析波形如图 2.7 所示。此阶段不存在模式 4［图 2.6（d)］的开关状态。在半个开关周期中，滤波电感 L_b 达到伏秒平衡。

彩图

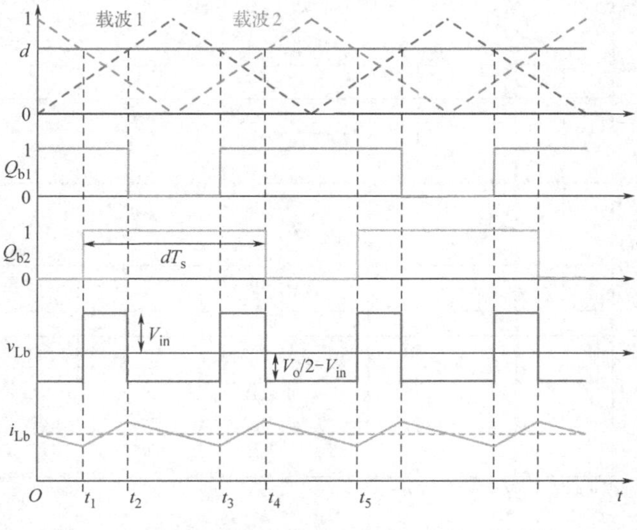

图 2.7　Boost 电感电流连续时 $d\geqslant 0.5$ 阶段分析

阶段 1：在 $t_1 \sim t_2$ 时，Q_{b1} 和 Q_{b2} 导通，D_{b1} 和 D_{b2} 截止［见图 2.5（a），模式 1］，电感两端电压 v_{Lb} 为 V_{in}，持续时间为$(d-0.5)T_s$。此阶段电感电流 i_{Lb} 线性上升，电流变化量 $\Delta i_{Lb\text{-}1}$ 为：

$$\Delta i_{Lb\text{-}1} = \frac{V_{in}}{L_b}\left(d - \frac{1}{2}\right)T_s \tag{2.5}$$

阶段 2：在 $t_2 \sim t_3$ 时，D_{b1} 和 Q_{b2} 导通，Q_{b1} 和 D_{b2} 截止［见图 2.5（b），模式 2］，电感两端电压 v_{Lb} 为 $V_{in}-0.5V_o$，持续时间为$(1-d)T_s$，电感电流线性下降，电流变化量 $\Delta i_{Lb\text{-}2}$ 为：

$$\Delta i_{Lb\text{-}2} = \frac{V_{in} - 0.5V_o}{L_b}(1-d)T_s \tag{2.6}$$

阶段 3（$t_3 \sim t_4$）与阶段 4（$t_4 \sim t_5$）的分析与上述过程类似，不再叙述。

稳态工作时，电压关系与式（2.4）相同。因此，在连续运行模式下，三电平 Boost 直流变换器具有相同的输入电压与输出电压表达式。

2.1.3 三电平 Boost 变换器大信号模型

建立三电平 Boost 变换器大信号模型，可以实现精确控制，电路如图 2.8 所示。其中，R_{Lb}、R_{c1} 和 R_{c2} 分别为 L_b、C_{b1}、C_{b2} 的等效串联电阻（ESR）；控制变量为：上下桥臂开关管 Q_{b1} 和 Q_{b2} 的占空比 d_1、d_2；输入变量为：输入电压 v_{in}、输出电流 i_o；状态变量为：电容电压 v_{Cb1} 和 v_{Cb2}、电感电流 i_{Lb}。

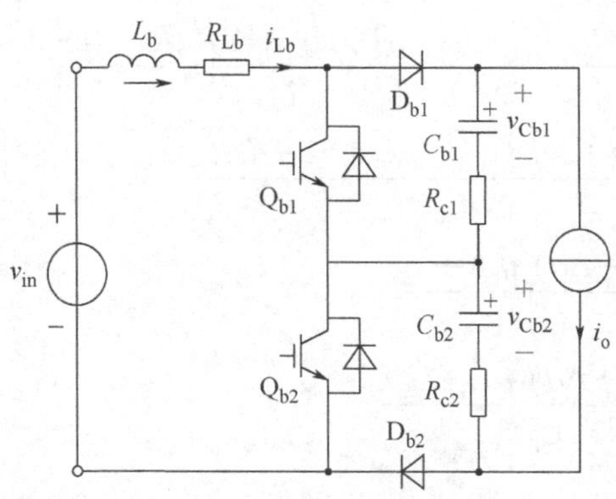

图 2.8 三电平 Boost 变换电路图

根据图 2.8 电路，可列写电感电流 i_{Lb} 和母线电容 C 的状态方程：

$$\begin{cases} L_{\mathrm{b}}\dfrac{\mathrm{d}\langle i_{\mathrm{Lb}}\rangle}{\mathrm{d}t}=\langle v_{\mathrm{in}}\rangle-(1-d_1)(\langle v_{\mathrm{Cb1}}\rangle+\langle v_{\mathrm{Rc1}}\rangle)-(1-d_2)(\langle v_{\mathrm{Cb2}}\rangle+\langle v_{\mathrm{Rc2}}\rangle)-\langle i_{\mathrm{Lb}}\rangle\ R_{\mathrm{Lb}} \\ C_{\mathrm{b1}}\dfrac{\mathrm{d}\langle v_{\mathrm{Cb1}}\rangle}{\mathrm{d}t}=-d_1\langle i_{\mathrm{o}}\rangle+(1-d_1)(\langle i_{\mathrm{Lb}}\rangle-\langle i_{\mathrm{o}}\rangle) \\ C_{\mathrm{b2}}\dfrac{\mathrm{d}\langle v_{\mathrm{Cb2}}\rangle}{\mathrm{d}t}=-d_2\langle i_{\mathrm{o}}\rangle+(1-d_2)(\langle i_{\mathrm{Lb}}\rangle-\langle i_{\mathrm{o}}\rangle) \end{cases} \tag{2.7}$$

式中，$\langle\rangle$ 为变量的开关周期平均值算子符号。

同时，母线电容等效串联电阻的电压表达式为：

$$\begin{cases} \langle v_{\mathrm{Rc1}}\rangle=C_{\mathrm{b1}}\dfrac{\mathrm{d}\langle v_{\mathrm{Cb1}}\rangle}{\mathrm{d}t}R_{\mathrm{c1}} \\ \langle v_{\mathrm{Rc2}}\rangle=C_{\mathrm{b2}}\dfrac{\mathrm{d}\langle v_{\mathrm{Cb2}}\rangle}{\mathrm{d}t}R_{\mathrm{c2}} \end{cases} \tag{2.8}$$

控制变量 d_1、d_2 的表达式为：

$$\begin{cases} d_1=d+\Delta d \\ d_2=d-\Delta d \end{cases} \tag{2.9}$$

式中，d 为母线电压控制的占空比共模分量；Δd 为上、下母线均压控制的占空比差模分量。

在器件选型计算时，两个母线电容的参数通常保持一致，因此可以假定 $C_{\mathrm{b1}}=C_{\mathrm{b2}}=C_{\mathrm{b}}$，$R_{\mathrm{c1}}=R_{\mathrm{c2}}=R_{\mathrm{c}}$。结合式（2.7）～式（2.9），可以得到三电平 Boost 变换器的大信号模型为：

$$\begin{cases} \dfrac{\mathrm{d}\langle i_{\mathrm{Lb}}\rangle}{\mathrm{d}t}=\dfrac{\langle v_{\mathrm{in}}\rangle-\langle i_{\mathrm{Lb}}\rangle R_{\mathrm{Lb}}-\langle i_{\mathrm{Lb}}\rangle[(1-d)^2+\Delta d^2]R_{\mathrm{c}}-(1-d-\Delta d)\langle v_{\mathrm{Cb1}}\rangle}{L_{\mathrm{b}}} \\ \qquad +\dfrac{-(1-d+\Delta d)\langle v_{\mathrm{Cb2}}\rangle+2\langle i_{\mathrm{o}}\rangle(1-d)R_{\mathrm{c}}}{L_{\mathrm{b}}} \\ \dfrac{\mathrm{d}\langle v_{\mathrm{Cb1}}\rangle}{\mathrm{d}t}=\dfrac{(1-d-\Delta d)\langle i_{\mathrm{Lb}}\rangle-\langle i_{\mathrm{o}}\rangle}{C_{\mathrm{b}}} \\ \dfrac{\mathrm{d}\langle v_{\mathrm{Cb2}}\rangle}{\mathrm{d}t}=\dfrac{(1-d+\Delta d)\langle i_{\mathrm{Lb}}\rangle-\langle i_{\mathrm{o}}\rangle}{C_{\mathrm{b}}} \end{cases} \tag{2.10}$$

2.1.4 三电平 Boost 变换器小信号模型

为分析系统稳定性和控制参数，在大信号模型基础上，通过施加输入量和控制量的扰动，引起状态量的扰动，进一步建立三电平 Boost 直流变换器的小信号模型。考虑扰动分量，系统各变量可表示为：

$$\begin{cases}\langle v_{\mathrm{in}}\rangle = V_{\mathrm{in}} + \hat{v}_{\mathrm{in}} \\ \langle i_{\mathrm{o}}\rangle = I_{\mathrm{o}} + \hat{i}_{\mathrm{in}} \\ d = D + d \\ \Delta d = \Delta D + \Delta d \end{cases} \tag{2.11}$$

$$\begin{cases}\langle i_{\mathrm{Lb}}\rangle = I_{\mathrm{Lb}} + \hat{i}_{\mathrm{Lb}} \\ \langle v_{\mathrm{Cb1}}\rangle = V_{\mathrm{Cb1}} + \hat{v}_{\mathrm{Cb1}} \\ \langle v_{\mathrm{Cb2}}\rangle = V_{\mathrm{Cb2}} + \hat{v}_{\mathrm{Cb2}} \end{cases} \tag{2.12}$$

式中，上标符号“^”表示各变量的扰动分量。

将式（2.11）、式（2.12）代入式（2.10），化简并且忽略高阶项，可以得到：

$$\begin{cases}\dfrac{\mathrm{d}\hat{i}_{\mathrm{Lb}}}{\mathrm{d}t} = -\dfrac{(1-D)^2 R_{\mathrm{c}} + R_{\mathrm{Lb}}}{L_{\mathrm{b}}}\hat{i}_{\mathrm{Lb}} - \dfrac{1-D}{L_{\mathrm{b}}}(\hat{v}_{\mathrm{Cb1}} + \hat{v}_{\mathrm{Cb2}}) + \dfrac{1}{L_{\mathrm{b}}}\hat{v}_{\mathrm{in}} - \dfrac{2(1-D)R_{\mathrm{c}}}{L_{\mathrm{b}}}\hat{i}_{\mathrm{o}} + \dfrac{V_{\mathrm{in}}}{(1-D)L_{\mathrm{b}}}d \\ \qquad + \dfrac{-(1-d+\Delta d)\langle v_{\mathrm{Cb2}}\rangle + 2\langle i_{\mathrm{o}}\rangle(1-d)R_{\mathrm{c}}}{L_{\mathrm{b}}} \\ \dfrac{\mathrm{d}\hat{v}_{\mathrm{Cb1}}}{\mathrm{d}t} = \dfrac{-\hat{i}_{\mathrm{o}} + (1-D)\hat{i}_{\mathrm{Lb}} - \dfrac{I_{\mathrm{o}}}{1-D}d - \dfrac{I_{\mathrm{o}}}{1-D}\Delta d}{C_{\mathrm{b}}} \\ \dfrac{\mathrm{d}\hat{v}_{\mathrm{Cb2}}}{\mathrm{d}t} = \dfrac{-\hat{i}_{\mathrm{o}} + (1-D)\hat{i}_{\mathrm{Lb}} - \dfrac{I_{\mathrm{o}}}{1-D}d + \dfrac{I_{\mathrm{o}}}{1-D}\Delta d}{C_{\mathrm{b}}} \end{cases} \tag{2.13}$$

将式（2.13）写成矩阵形式，可得：

$$\frac{\mathrm{d}}{\mathrm{d}t}\begin{bmatrix}\hat{i}_{\mathrm{Lb}} \\ \hat{v}_{\mathrm{Cb1}} \\ \hat{v}_{\mathrm{Cb2}}\end{bmatrix} = \begin{bmatrix} -\dfrac{(1-D)^2 R_{\mathrm{c}} + R_{\mathrm{Lb}}}{L_{\mathrm{b}}} & -\dfrac{1-D}{L_{\mathrm{b}}} & -\dfrac{1-D}{L_{\mathrm{b}}} \\ \dfrac{1-D}{C_{\mathrm{b}}} & 0 & 0 \\ \dfrac{1-D}{C_{\mathrm{b}}} & 0 & 0 \end{bmatrix}\begin{bmatrix}\hat{i}_{\mathrm{Lb}} \\ \hat{v}_{\mathrm{Cb1}} \\ \hat{v}_{\mathrm{Cb2}}\end{bmatrix}$$

$$+\begin{bmatrix} \dfrac{1}{L_b} & -\dfrac{2(1-D)R_c}{L_b} & \dfrac{V_{in}}{(1-D)L_b} & 0 \\ 0 & -\dfrac{1}{C_b} & -\dfrac{I_o}{(1-D)C_b} & -\dfrac{I_o}{(1-D)C_b} \\ 0 & -\dfrac{1}{C_b} & -\dfrac{I_o}{(1-D)C_b} & \dfrac{I_o}{(1-D)C_b} \end{bmatrix} \begin{bmatrix} \hat{v}_{in} \\ \hat{i}_o \\ d \\ \Delta d \end{bmatrix} \tag{2.14}$$

引入 $\boldsymbol{x}(t)$、$\boldsymbol{u}(t)$、$\boldsymbol{A}$ 和 $\boldsymbol{B}$ 变量，定义如下：

$$\boldsymbol{x}(t)=[\hat{i}_{Lb} \quad \hat{v}_{Cb1} \quad \hat{v}_{Cb2}]^T$$

$$\boldsymbol{u}(t)=[\hat{v}_{in} \quad \hat{i}_o \quad d \quad \Delta d]^T$$

$$\boldsymbol{A}=\begin{bmatrix} -\dfrac{(1-D)^2 R_c + R_{Lb}}{L_b} & -\dfrac{1-D}{L_b} & -\dfrac{1-D}{L_b} \\ \dfrac{1-D}{C_b} & 0 & 0 \\ \dfrac{1-D}{C_b} & 0 & 0 \end{bmatrix}$$

$$\boldsymbol{B}=\begin{bmatrix} \dfrac{1}{L_b} & -\dfrac{2(1-D)R_c}{L_b} & \dfrac{V_{in}}{(1-D)L_b} & 0 \\ 0 & -\dfrac{1}{C_b} & -\dfrac{I_o}{(1-D)C_b} & -\dfrac{I_o}{(1-D)C_b} \\ 0 & -\dfrac{1}{C_b} & -\dfrac{I_o}{(1-D)C_b} & \dfrac{I_o}{(1-D)C_b} \end{bmatrix}$$

将 $\boldsymbol{x}(t)$、$\boldsymbol{u}(t)$、$\boldsymbol{A}$ 和 $\boldsymbol{B}$ 代入式（2.14)，可简化为：

$$\frac{d}{dt}\boldsymbol{x}(t)=\boldsymbol{A}\bullet\boldsymbol{x}(t)+\boldsymbol{B}\bullet\boldsymbol{u}(t) \tag{2.15}$$

将式（2.15）的时域表达式转化为 s 域表达式，可以得到：

$$s\boldsymbol{X}(s)=\boldsymbol{A}\bullet\boldsymbol{X}(s)+\boldsymbol{B}\bullet\boldsymbol{U}(s) \tag{2.16}$$

通过对式（2.16）矩阵变换，可以求得变换器的小信号响应为：

$$\boldsymbol{X}(s)=(s\boldsymbol{I}-\boldsymbol{A})^{-1}\boldsymbol{B}\bullet\boldsymbol{U}(s) \tag{2.17}$$

式中，$\boldsymbol{I}$ 为单位矩阵。

式（2.17）即为三电平 Boost 变换器在输出电压控制模式下的小信号数学模型。

根据式（2.17）小信号数学模型，可以得到输入变量、控制变量到状态变量的矩阵表达式：

$$\begin{cases}\begin{bmatrix}i_{\mathrm{Lb}}(s)\\ v_{\mathrm{Cb1}}(s)\\ v_{\mathrm{Cb2}}(s)\end{bmatrix}=\begin{bmatrix}\dfrac{C_{\mathrm{b}}s}{M(s)} & \dfrac{2(1-D)(1-R_{\mathrm{c}}C_{\mathrm{b}}s)}{M(s)} & \dfrac{2(1-D)I_{\mathrm{o}}+V_{\mathrm{in}}C_{\mathrm{b}}s}{(1-D)M(s)} & 0\\ \dfrac{1-D}{M(s)} & \dfrac{-[3R_{\mathrm{c}}(1-D)^2+R_{\mathrm{Lb}}+L_{\mathrm{b}}s]}{M(s)} & \dfrac{(1-D)V_{\mathrm{in}}-I_{\mathrm{o}}[R_{\mathrm{Lb}}+(1-D)^2R_{\mathrm{c}}]-I_{\mathrm{o}}L_{\mathrm{b}}s}{(1-D)M(s)} & -\dfrac{I_{\mathrm{o}}}{(1-D)C_{\mathrm{b}}s}\\ \dfrac{1-D}{M(s)} & \dfrac{-[3R_{\mathrm{c}}(1-D)^2+R_{\mathrm{Lb}}+L_{\mathrm{b}}s]}{M(s)} & \dfrac{(1-D)V_{\mathrm{in}}-I_{\mathrm{o}}[R_{\mathrm{Lb}}+(1-D)^2R_{\mathrm{c}}]-I_{\mathrm{o}}L_{\mathrm{b}}s}{(1-D)M(s)} & \dfrac{I_{\mathrm{o}}}{(1-D)C_{\mathrm{b}}s}\end{bmatrix}\begin{bmatrix}V_{\mathrm{in}}(s)\\ I_{\mathrm{o}}(s)\\ d(s)\\ \Delta d(s)\end{bmatrix}\\ M(s)=L_{\mathrm{b}}C_{\mathrm{b}}s^2+[R_{\mathrm{Lb}}+(1-D)^2R_{\mathrm{c}}]C_{\mathrm{b}}s+2(1-D)^2\end{cases} \tag{2.18}$$

由图2.8电路可知，输出电压$v_{\mathrm{o}}(t)$的表达式为：

$$v_{\mathrm{o}}(t)=v_{\mathrm{Cb1}}(t)+v_{\mathrm{Cb2}}(t)+R_{\mathrm{c}}C_{\mathrm{b}}\left[\frac{\mathrm{d}v_{\mathrm{Cb1}}(t)}{\mathrm{d}t}+\frac{\mathrm{d}v_{\mathrm{Cb2}}(t)}{\mathrm{d}t}\right] \tag{2.19}$$

将式（2.19）时域表达式转化为s域表达式，可得：

$$v_{\mathrm{o}}(s)=[v_{\mathrm{Cb1}}(s)+v_{\mathrm{Cb2}}(s)](1+sR_{\mathrm{c}}C_{\mathrm{b}}) \tag{2.20}$$

结合式（2.18）和式（2.20），可推导输出电压$v_{\mathrm{o}}(s)$的函数：

$$\begin{aligned}v_{\mathrm{o}}(s)=&\frac{2(1-D)(1+sR_{\mathrm{c}}C_{\mathrm{b}})}{L_{\mathrm{b}}C_{\mathrm{b}}s^2+[R_{\mathrm{Lb}}+(1-D)^2R_{\mathrm{c}}]C_{\mathrm{b}}s+2(1-D)^2}v_{\mathrm{in}}(s)\\ &+\frac{-2[3R_{\mathrm{c}}(1-D)^2+R_{\mathrm{Lb}}+L_{\mathrm{b}}s](1+sR_{\mathrm{c}}C_{\mathrm{b}})}{L_{\mathrm{b}}C_{\mathrm{b}}s^2+[R_{\mathrm{Lb}}+(1-D)^2R_{\mathrm{c}}]C_{\mathrm{b}}s+2(1-D)^2}i_{\mathrm{o}}(s)\\ &+\frac{2\{(1-D)V_{\mathrm{in}}-I_{\mathrm{o}}[R_{\mathrm{Lb}}+R_{\mathrm{c}}(1-D)^2+L_{\mathrm{b}}s]\}(1+sR_{\mathrm{c}}C_{\mathrm{b}})}{(1-D)\{L_{\mathrm{b}}C_{\mathrm{b}}s^2+[R_{\mathrm{Lb}}+(1-D)^2R_{\mathrm{c}}]C_{\mathrm{b}}s+2(1-D)^2\}}d(s)\end{aligned} \tag{2.21}$$

由式（2.21），可以得到输出电压$v_{\mathrm{o}}(s)$关于d的传递函数为：

$$\frac{v_{\mathrm{o}}(s)}{d(s)}=\frac{2\{(1-D)V_{\mathrm{in}}-I_{\mathrm{o}}[R_{\mathrm{Lb}}+R_{\mathrm{c}}(1-D)^2+L_{\mathrm{b}}s]\}(1+sR_{\mathrm{c}}C_{\mathrm{b}})}{(1-D)\{L_{\mathrm{b}}C_{\mathrm{b}}s^2+[R_{\mathrm{Lb}}+(1-D)^2R_{\mathrm{c}}]C_{\mathrm{b}}s+2(1-D)^2\}} \tag{2.22}$$

三电平Boost变换器PI控制参数的精确计算，需要准确的被控对象数学模型。利用上述建立的小信号数学模型，可以求得电流环、电压环和均压环的被控对象传递函数。

由式（2.18），可以得到电感电流i_{Lb}关于d的传递函数表达式为：

$$G_{\mathrm{iLb\_d}}(s)=\frac{i_{\mathrm{Lb}}(s)}{d(s)}=\frac{2(1-D)I_{\mathrm{o}}+V_{\mathrm{in}}C_{\mathrm{b}}s}{(1-D)\{L_{\mathrm{b}}C_{\mathrm{b}}s^2+[R_{\mathrm{Lb}}+(1-D)^2R_{\mathrm{c}}]C_{\mathrm{b}}s+2(1-D)^2\}} \tag{2.23}$$

结合式（2.21）和式（2.23），可以得到输出电压 v_o 关于电感电流 i_{Lb} 的传递函数表达式为：

$$G_{vo\_iLb}(s)=\frac{v_o(s)}{i_{Lb}(s)}=\frac{2\{(1-D)V_{in}-I_o[R_{Lb}+R_c(1-D)^2+L_b s]\}(1+sR_cC_b)}{2(1-D)I_o+V_{in}C_b s} \tag{2.24}$$

同时，三电平 Boost 变换器上、下母线电压需要进行均衡控制，上、下母线电压的差值Δv_{Cb}关于Δd的传递函数表达式为：

$$G_{vcb\_d}(s)=\frac{\Delta v_{Cb}(s)}{\Delta d(s)}=v_{Cb1}(s)-v_{Cb2}(s)=-\frac{2I_o}{(1-D)C_b s} \tag{2.25}$$

2.2 三电平 Boost 变换器控制环路

三电平 Boost 变换器采用电压环、电流环、均压环控制策略，结合式（2.23）～式（2.25）被控对象传递函数，可以分别得到：三电平 Boost 变换器的电压电流双环控制框图，如图 2.9 所示；电感电流内环控制框图，如图 2.10 所示；上、下母线电容电压均压控制框图，如图 2.11 所示。

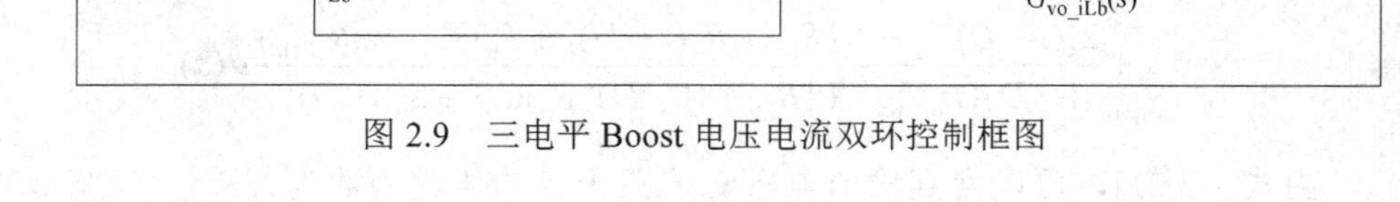

图 2.9 三电平 Boost 电压电流双环控制框图

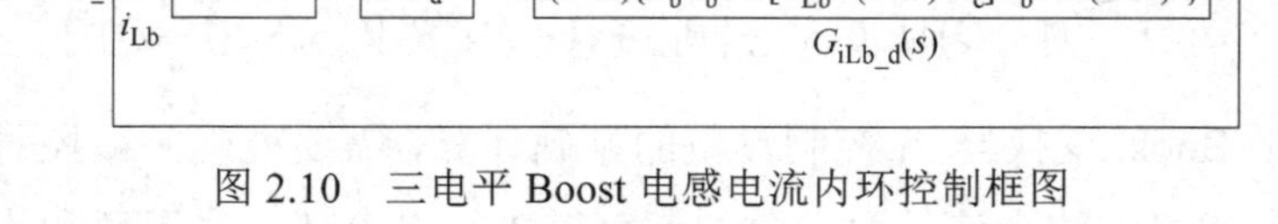

图 2.10 三电平 Boost 电感电流内环控制框图

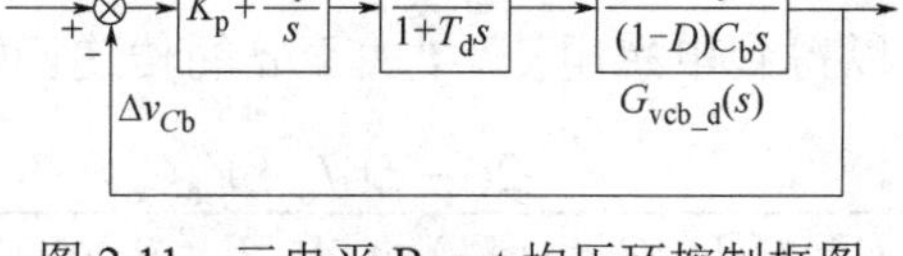

图 2.11 三电平 Boost 均压环控制框图

2.3 LLC 变换器工作模式分析与参数设计

2.3.1 电路拓扑与工作模式

对称半桥 LLC 谐振变换器如图 2.12 所示，包含半桥逆变模块、谐振网络、全桥整流模块，其中：C_{b1} 和 C_{b2} 分别为上、下母线电容；C_{oss1} 和 C_{oss2} 分别为开关管 Q_1 和 Q_2 的寄生电容；D_{r2}、D_{r2}、D_{r3} 和 D_{r4} 为输出侧二极管；V_o 为输出电压；i_o 为输出电容前端电流；变压器原边与副边匝比为 N：1。变换器的谐振电感 L_r、谐振电容 C_r 和励磁电感 L_m 共同构成谐振网络，谐振网络的输入点用 A 和 B 表示，变压器副边的输出点用 C 和 D 表示。半桥逆变桥臂的方波输出电压，经 LLC 谐振网络产生正弦谐振，再由整流桥和滤波电容转换为直流电压。

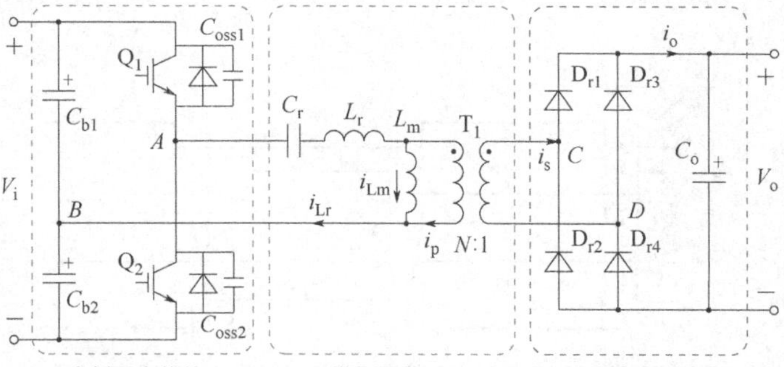

图 2.12　对称半桥 LLC 谐振变换器

为了便于分析，对 LLC 谐振变换器做如下假设：所有开关管和二极管都是理想元器件，并且其寄生电容值相等；忽略所有寄生电阻；输入上、下母线电容 C_{b1} 和 C_{b2}、谐振电感 L_r、谐振电容 C_r 和输出电容 C_o 均为理想元器件；输入侧的上、下母线电容 C_{b1} 和 C_{b2} 容值较大，并忽略其电压差对电路运行的影响。

定义谐振网络的串联谐振频率 f_r、并联谐振频率 f_m 分别为：

$$f_r = \frac{1}{2\pi\sqrt{L_r C_r}} \tag{2.26}$$

$$f_m = \frac{1}{2\pi\sqrt{(L_r + L_m)C_r}} \tag{2.27}$$

LLC 谐振变换器通过改变开关频率 f_s 来控制输出电压，根据开关频率 f_s 与串联谐振频率 f_r、并联谐振频率 f_m 的关系，可分为四种工作模式，即 $f_s > f_r$、$f_s = f_r$、$f_m < f_s < f_r$ 和 $f_s < f_m$。

当 $f_s < f_m$ 时，谐振网络的阻抗呈容性，谐振网络的输入电压滞后输入电流，变换器原边开关管无法实现零电压开通，因此不希望 LLC 谐振变换器工作在该模式。当 $f_s > f_m$ 时，谐振网络的输入电压超前输入电流，在开关管导通之前，开关管的寄生二极管已续流，将开关管两端电压钳位到零，为零电压开通创造了条件。下面仅分析 $f_s > f_m$ 情况下的三种工作模式。

（1）开关频率 f_s 工作在 $f_m < f_s < f_r$ 区域

当开关频率 f_s 工作在 $f_m < f_s < f_r$ 区域时，变换器阶段分析如图 2.13 所示，一个开关周期内前半周期和后半周期的各电压、电流波形对称，只需要分析半个周期的电压、电流波形即可。半个开关周期内，不同阶段的电路导通图，如图 2.14 所示。

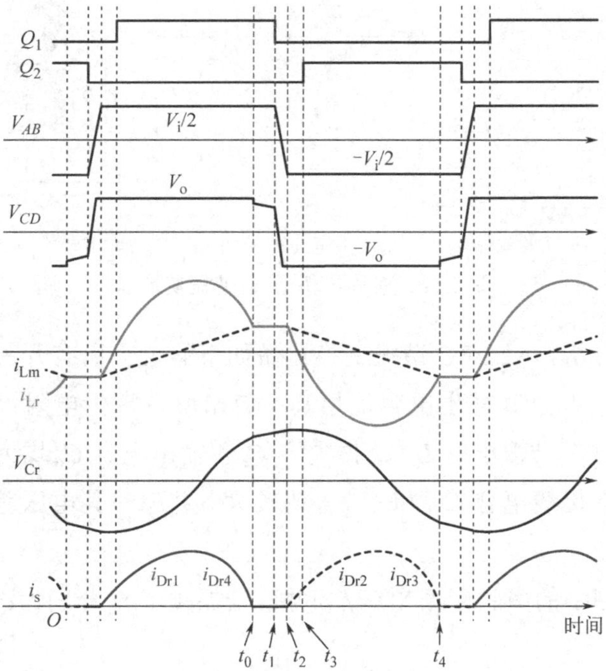

图 2.13　开关频率 f_s 工作在 $f_m < f_s < f_r$ 的阶段分析图

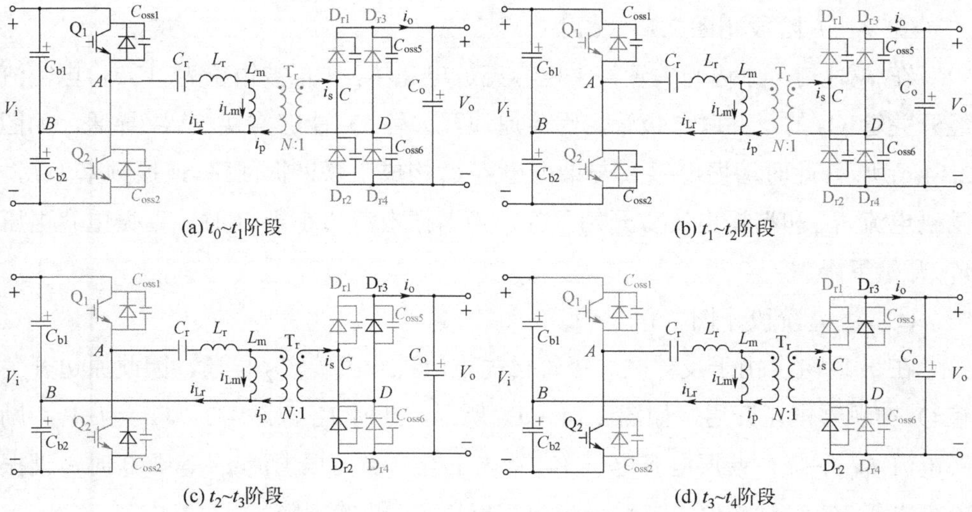

(a) t_0~t_1阶段　(b) t_1~t_2阶段　(c) t_2~t_3阶段　(d) t_3~t_4阶段

图 2.14　开关频率 f_s 工作在 $f_m<f_s<f_r$ 的不同阶段的电路导通图

工作区域 $f_m<f_s<f_r$ 的阶段分析如下。

① t_0 ～t_1 阶段［图 2.14（a）］

在 t_0 时刻之前，原边半桥电路输出电压 V_{AB} 为 $V_i/2$，副边变压器输出电压 V_{CD} 为 V_o，励磁电感电流 i_{Lm} 上升，谐振电流 i_{Lr} 下降，谐振电容 C_r 的电压 V_{Cr} 上升，开关管 Q_1 导通。在 t_0 时刻，谐振电流 i_{Lr} 等于励磁电感电流 i_{Lm}，此时变压器副边断流，二极管 D_{r1} 和 D_{r4} 实现 ZCS 关断。副边全桥输入电压 V_{CD} 不再被钳位在 V_o，因此励磁电感 L_m 与谐振电感 L_r 和谐振电容 C_r 构成谐振回路，谐振频率为 f_m。

t_0～t_1 时段，如图 2.14（a）所示，原边全桥输出端口电压 V_{AB} 仍然为 $V_i/2$，谐振电流 i_{Lr} 与励磁电感电流 i_{Lm} 相等，电流缓慢上升，谐振电容 C_r 上的电压继续上升，开关管 Q_1 导通。由于励磁电感感值一般是谐振电感感值的数倍及以上，因此此阶段的谐振电流 i_{Lr} 与励磁电流 i_{Lm} 电流曲线可以近似为水平直线。

② t_1～t_2 阶段［图 2.14（b）］

在 t_1 时刻，开关管 Q_1 关断，如图 2.14（b）所示，谐振电流 i_{Lr} 给寄生电容 C_{oss1} 充电，C_{oss2} 放电。由于 IGBT 寄生电容的容值很小，原边半桥输出电压 V_{AB} 迅速下降，励磁电感电压 V_{Lm} 随着下降，副边二极管 D_{r2} 和 D_{r3} 自然导通。

由于 IGBT 寄生电容容值很小，t_1～t_2 时段很短，励磁电感电流 i_{Lm}、谐振电流 i_{Lr}、谐振电容电压 V_{Cr} 在 t_1～t_2 时段内的变化可以忽略不计。

③ t_2～t_3阶段［图 2.14（c）］

在 t_2 时刻，原边开关管寄生电容充放电完毕，V_{AB} 被钳位为$-V_i/2$，电流流经开关管 Q_2 的反并联二极管，因此原边开关管 Q_2 能够实现 ZVS 导通，如图 2.14(c)所示，此时谐振电感 L_r 与谐振电容 C_r 构成串联谐振回路，谐振频率为 f_r，励磁电流 i_{Lm} 和谐振电流 i_r 开始下降，当谐振电流 i_r 小于 0 时，谐振电容电压 V_{Cr} 开始下降。

④ t_3～t_4阶段［图 2.14（d）］

在 t_3 时刻，由于反并联二极管已先于原边开关管 Q_2 导通，因此原边开关管 Q_2 实现零电压开通，如图 2.14（d）所示，此时 V_{AB} 为$-V_i/2$，V_{CD} 为$-V_o$，励磁电流 i_{Lm} 下降，谐振电容电压 V_{Cr} 首先上升，当谐振电流 i_{Lr} 等于 0 时，谐振电容电压 V_{Cr} 达到峰值，之后谐振电容电压 V_{Cr} 开始下降。

（2）开关频率 f_s 工作在 f_s=f_r 区域

当开关频率 f_s 工作在 f_s=f_r 时，如图 2.15 所示，由于一个周期内前半周期和后半周期各电压电流波形对称，因此只需要分析半个周期的电压电流波形即可。半个开关周期内，不同阶段的电路导通图，如图 2.16 所示。

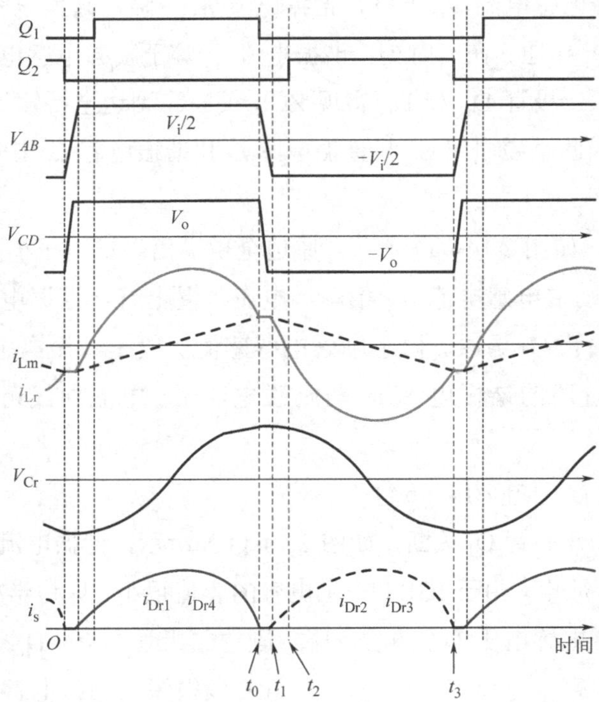

图 2.15 开关频率 f_s 工作在 f_s=f_r 的阶段分析图

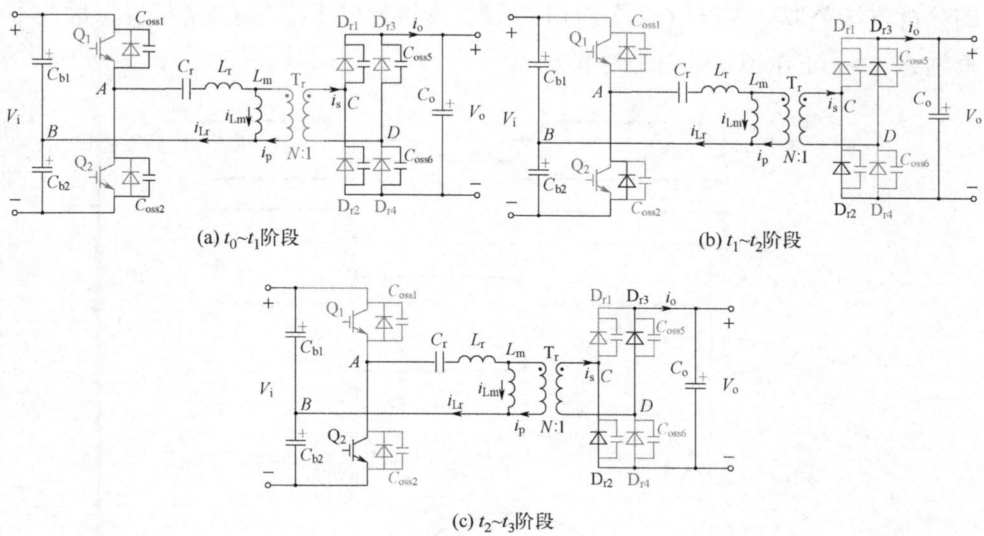

图 2.16 开关频率 f_s 工作在 f_s=f_r 的不同阶段电路导通图

工作区域 f_s=f_r 的阶段分析如下：

① t_0～t_1 阶段［图 2.16（a）］

在 t_0 时刻之前，开关管 Q_1 导通，V_{AB} 为 $V_i/2$，V_{CD} 为 V_o，励磁电流 i_{Lm} 上升，谐振电流 i_{Lr} 下降，谐振电容电压 V_{Cr} 上升。在 t_0 时刻，开关管 Q_1 关断，谐振电流 i_{Lr} 给寄生电容 C_{oss1} 充电，C_{oss2} 放电，此时谐振电流 i_{Lr} 等于励磁电流 i_{Lm}，副边二极管电流为零，副边二极管 D_{r1} 和 D_{r4} 实现 ZCS 关断。由于 IGBT 寄生电容的容值很小，t_0～t_1 时段很短，励磁电流 i_{Lm}、谐振电流 i_{Lr}、谐振电容电压 V_{Cr} 在 t_0～t_1 时段内的变化可以忽略。

② t_1～t_2 阶段［图 2.16（b）］

在 t_1 时刻，原边开关管的寄生电容充放电完毕，V_{AB} 被钳位为$-V_i/2$，电流流经开关管 Q_2 的反并联二极管，为开关管 Q_2 实现 ZVS 导通提供条件，此时 D_{r2} 和 D_{r3} 将自然导通。t_1～t_2 时段，V_{AB} 为$-V_i/2$，V_{CD} 为$-V_o$，励磁电流 i_{Lm} 下降，谐振电流 i_{Lr} 下降，在谐振电流 i_{Lr} 大于零之前，谐振电容电压 V_{Cr} 继续上升。

③ t_2～t_3 阶段［图 2.16（c）］

在 t_2 时刻，原边开关管 Q_2 导通，V_{AB} 为$-V_i/2$，V_{CD} 为$-V_o$，如图 2.16（c）所示，励磁电流 i_{Lm} 继续下降，谐振电感和谐振电容之间串联谐振。

（3）开关频率 f_s 工作在 f_s＞f_r 区域

开关频率 f_s 工作在 f_s＞f_r 时的阶段过程如图 2.17 所示，分析过程与上小节的分析方法类似。本书所涉及的 LLC 谐振变换器仅工作在 $f_s \leqslant f_r$ 情况，因此不再细述 $f_s > f_r$ 工作模式的阶段分析。

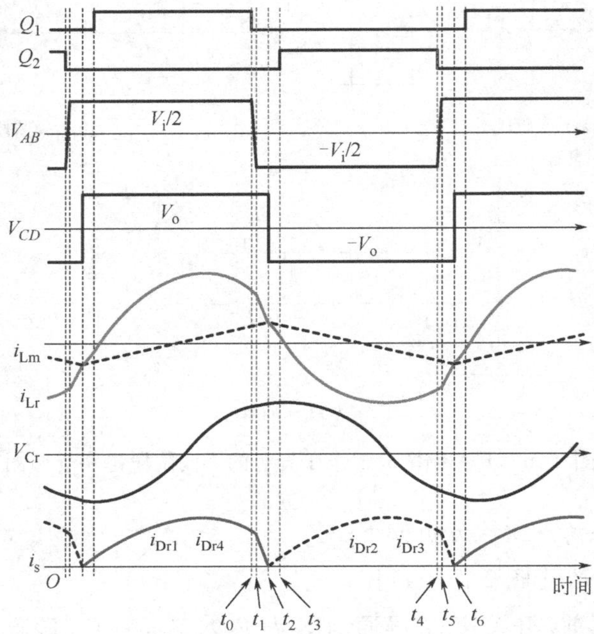

图 2.17　开关频率 f_s 工作在 $f_s > f_r$ 的阶段分析图

2.3.2 等效模型与直流电压增益

LLC 谐振变换器工作频率 f_s 在串联谐振频率 f_r 附近时，谐振网络的电压、电流近似为正弦量，在 LLC 变换器的特性分析时，通常采用基波近似法。LLC 谐振变换器的直流电压增益，可采用交流电压增益进行替代分析。

LLC 谐振变换器的等效电路如图 2.18 所示，其中 Z_{in} 为谐振网络的输入阻抗；V_{in} 为输入电压；V_{AB_Fund} 为逆变模块输出基波分量；R_{ac} 为输出负载 R_o 等效到变压器原边的等效电阻；LLC 谐振变换器开关管的占空比为 0.5。

谐振网络输入方波电压 V_{AB} 进行傅里叶级数展开，得到基波分量 V_{AB_Fund} 为：

$$V_{AB\_Fund} = \frac{V_{in}}{2} \times \frac{4}{\pi} \sin(\omega_s t) \tag{2.28}$$

式中，$\omega_s = 2\pi f_s$。

同样，整流网络的输入电压 V_p 进行傅里叶级数展开，得到基波分量 V_{p_Fund} 为：

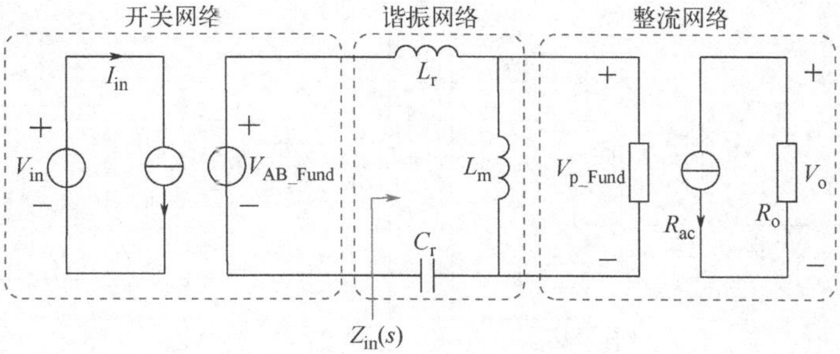

图 2.18 LLC 谐振变换电路等效模型

$$V_{p\_Fund}=NV_o\frac{4}{\pi}\sin(\omega_s t-\theta) \tag{2.29}$$

式中，θ 为 V_p 与 V_{AB} 的相位差；N 为变压器匝比。

理想条件下，输出电容 C_o 不存在能量损耗，且整流桥输入电流 i_p 为近似正弦波，其幅值 I_p 与全桥整流器输出的平均电流 I_o 有关。由电流平均值相等的关系，可以求得整流桥的交流电流 i_p 为：

$$\begin{aligned}i_p&=\sqrt{2}I_p\sin(\omega_s t-\theta)\\&=\sqrt{2}(NI_s)\sin(\omega_s t-\theta)\\&=\sqrt{2}\left(N\frac{\pi}{2\sqrt{2}}I_o\right)\sin(\omega_s t-\theta)\end{aligned} \tag{2.30}$$

式中，I_s 为 I_p 折算到变压器副边的有效值电流；I_o 为负载输出的有效值电流。

由式（2.29）～式（2.30），可以得到变压器原边的负载等效阻抗 R_{ac} 为：

$$R_{ac}=\frac{V_{p\_Fund}}{I_p}=\frac{NV_o\frac{4}{\pi}\sin(\omega_s t-\theta)}{\frac{\pi}{2N}I_o\sin(\omega_s t-\theta)}=\frac{8N^2}{\pi^2}R_o \tag{2.31}$$

式中，R_o 为输出负载电阻，$R_o=V_o/I_o$。

利用式（2.31），将输出负载 R_o 折算到变压器原边等效阻抗 R_{ac}，可以简化变压器和整流网络电路，其电路等效模型如图 2.19 所示。

综上分析，LLC 谐振变换器的二端口基波等效模型如图 2.20 所示。

结合图 2.20，利用相量分析法，得到 LLC 变换器的电压传递函数为：

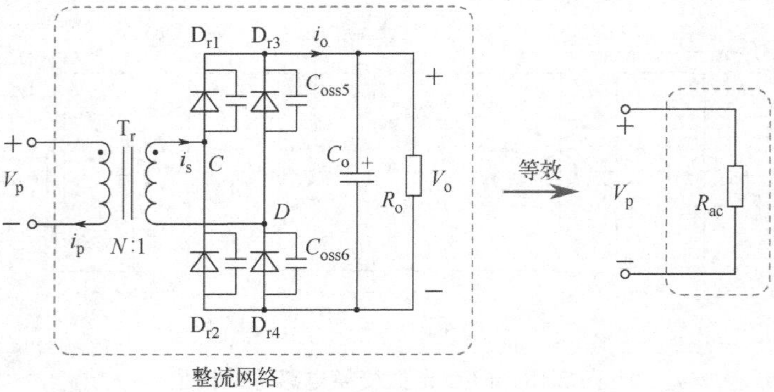

图 2.19　整流网络电路等效模型

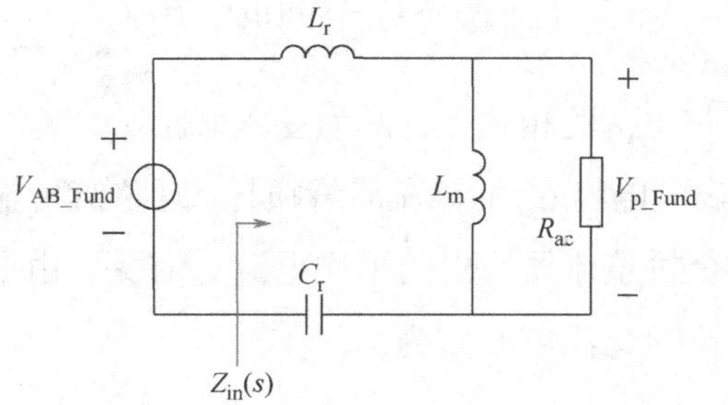

图 2.20　LLC 谐振变换器二端口基波等效模型

$$\boldsymbol{H}(\omega_s)=\frac{\boldsymbol{V}_{p\_Fund}}{\boldsymbol{V}_{AB\_Fund}}=\frac{\boldsymbol{Z}_{mp}(\omega_s)}{\boldsymbol{Z}_r(\omega_s)+\boldsymbol{Z}_{mp}(\omega_s)}=\frac{R_{ac}//(j\omega_s L_m)}{j\omega_s L_r+\dfrac{1}{j\omega_s C_r}+R_{ac}//(j\omega_s L_m)} \tag{2.32}$$

式中，谐振网络的串联谐振阻抗为：

$$\boldsymbol{Z}_r(\omega_s)=j\omega_s L_r+\frac{1}{j\omega_s C_r} \tag{2.33}$$

负载并联阻抗为：

$$\boldsymbol{Z}_{mp}(\omega_s)=\frac{j\omega_s L_m R_{ac}}{j\omega_s L_m+R_{ac}} \tag{2.34}$$

由式（2.32）可以看出，LLC 谐振网络的传递函数 $\boldsymbol{H}(\omega_s)$是关于 ω_s 的函数。LLC 变换器的直流电压增益 A_v 为：

$$A_v(\omega_s)=|\boldsymbol{H}(\omega_s)|=\left|\frac{R_{ac}//(j\omega_s L_m)}{j\omega_s L_r+\dfrac{1}{j\omega_s C_r}+R_{ac}//(j\omega_s L_m)}\right| \tag{2.35}$$

定义 $\boldsymbol{Z}_{\text{in}}(\omega_{\text{s}})$为谐振网络的输入阻抗，$\boldsymbol{Z}_{\text{in}}(\omega_{\text{s}})$可表示为：

$$\boldsymbol{Z}_{\text{in}}(\omega_{\text{s}})=\boldsymbol{Z}_{\text{r}}(\omega_{\text{s}})+\boldsymbol{Z}_{\text{mp}}(\omega_{\text{s}}) \tag{2.36}$$

结合式（2.32）、式（2.34）和式（2.36），LLC 谐振网络的输入阻抗 $\boldsymbol{Z}_{\text{in}}(\omega_{\text{s}})$可表示为：

$$\boldsymbol{Z}_{\text{in}}(\omega_{\text{s}})=\frac{\boldsymbol{Z}_{\text{mp}}(\omega_{\text{s}})}{\boldsymbol{H}(\omega_{\text{s}})} \tag{2.37}$$

综合上述推导分析及图 2.21 可知，当 LLC 变换器的输入阻抗 $\boldsymbol{Z}_{\text{in}}(\omega_{\text{s}})$为感性时，变换器工作在 ZVS，对应图 2.21 区域 1 和区域 2；当输入阻抗 $\boldsymbol{Z}_{\text{in}}(\omega_{\text{s}})$为纯阻性时，变换器工作在 ZVS 与 ZCS 临界状态，对应图 2.21 区域 2 和区域 3 的边界线；当输入阻抗 $\boldsymbol{Z}_{\text{in}}(\omega_{\text{s}})$为容性时，变换器工作在 ZCS 状态，对应图 2.21 区域 3，此时二极管硬开关，损耗较大，一般不运行在该 ZCS 状态。

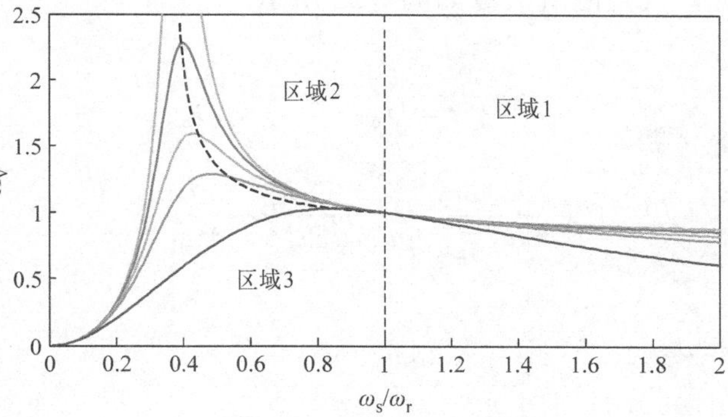

彩图

图 2.21　LLC 谐振变换器电压增益曲线图

当输入阻抗 $\boldsymbol{Z}_{\text{in}}$ 的虚部为零，即矢量角为零时，LLC 谐振变换器的输入阻抗 $\boldsymbol{Z}_{\text{in}}$ 呈纯阻性。此时，LLC 谐振变换器工作在 ZVS 与 ZCS 的临界状态，其工作角频率为 ZVS 状态的最低工作角频率 ω_{smin}，可以求得 ω_{smin} 为：

$$\arg[\boldsymbol{Z}_{\text{in}}(\omega_{\text{smin}})]=0 \tag{2.38}$$

式中，arg()表示阻抗角。

由式（2.37）和式（2.38），可得阻抗角关系：

$$\arg[\boldsymbol{Z}_{\text{mp}}(\omega_{\text{smin}})]+\arg\left[\frac{1}{\boldsymbol{H}(\omega_{\text{smin}})}\right]=0 \tag{2.39}$$

根据式（2.39）可知，负载并联阻抗角与电压传递函数 $\boldsymbol{H}(\omega_s)$的相角紧密相关。为方便从复阻抗的角度来研究 LLC 谐振变换器的电压增益特性，引入负载串联阻抗 $\boldsymbol{Z}_{ms}(\omega_s)$，定义为：

$$\boldsymbol{Z}_{ms}(\omega_s)=j\omega_s L_m+R_{ac} \tag{2.40}$$

根据负载并联阻抗 $\boldsymbol{Z}_{mp}$ 与负载串联阻抗 $\boldsymbol{Z}_{ms}$ 的阻抗角关系，可得：

$$\arg[\boldsymbol{Z}_{mp}(\omega_{smin})]+\arg[\boldsymbol{Z}_{ms}(\omega_{smin})]=\frac{\pi}{2} \tag{2.41}$$

负载串联阻抗便于用矢量图形来描述，根据式（2.39）和式（2.41），可推导负载串联阻抗 $\boldsymbol{Z}_{ms}$ 与 $\boldsymbol{H}(\omega_s)$的关系：

$$\arg[\boldsymbol{Z}_{ms}(\omega_{smin})]-\arg\left[\frac{1}{\boldsymbol{H}(\omega_{smin})}\right]=\frac{\pi}{2} \tag{2.42}$$

由式（2.42）可以看出，在最小工作角频率 ω_{smin} 时，向量 $\boldsymbol{Z}_{ms}(\omega_{smin})$与向量 $1/\boldsymbol{H}(\omega_{smin})$正交，其复阻抗矢量如图 2.22 所示。

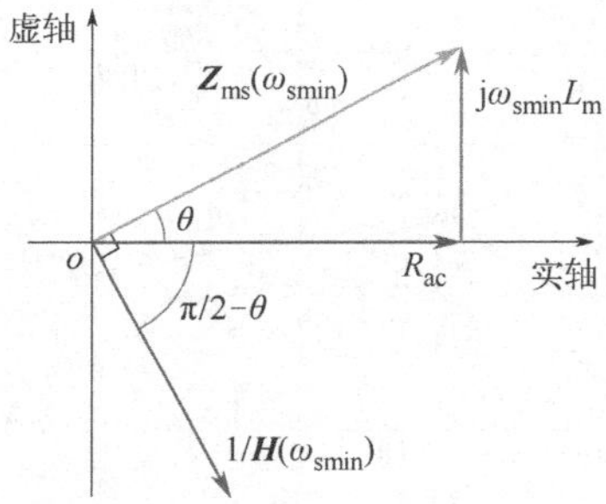

图 2.22　复阻抗示意图

2.3.3　参数设计

通过基于复阻抗的基波近似法进行 LLC 谐振网络的参数设计，与传统基波近似法的 LLC 谐振参数设计相比，更为直观、图形化且易于理解。

对式（2.32）的电压传递函数 $\boldsymbol{H}(\omega_s)$进行倒数处理，可推导：

$$\begin{aligned}\frac{1}{\boldsymbol{H}(\omega_{smin})}&=1+\frac{\boldsymbol{Z}_r(\omega_{smin})}{\boldsymbol{Z}_{mp}(\omega_{smin})}=1+\left(j\omega_{smin}L_r+\frac{1}{j\omega_{smin}C_r}\right)\left(\frac{j\omega_{smin}L_m+R_{ac}}{j\omega_{smin}L_mR_{ac}}\right)\\&=1+\left[\frac{(\omega_{smin})^2L_rC_r-1}{(\omega_{smin})^2L_mC_rR_{ac}}\right](j\omega_{smin}L_m+R_{ac})\\&=1+kZ_{ms}(\omega_{smin})\end{aligned} \tag{2.43}$$

式中，系数 k 定义为：

$$k=\frac{(\omega_{\text{smin}})^2 L_\text{r} C_\text{r}-1}{(\omega_{\text{smin}})^2 L_\text{m} C_\text{r} R_{\text{ac}}} \tag{2.44}$$

由图 2.21 可知，最小工作角频率 ω_{smin} 小于串联谐振角频率 ω_r，即：

$$0<\omega_{\text{smin}}\leqslant\omega_\text{r}=\frac{1}{\sqrt{L_\text{r} C_\text{r}}} \tag{2.45}$$

将式（2.45）代入式（2.44），可以推导：系数 $k<0$。

根据式（2.42）、式（2.43）和系数 $k<0$，在最小工作角频率 ω_{smin} 下，可绘制出谐振网络传递函数 $H(\omega_\text{s})$与复阻抗之间的矢量关系，如图 2.23 所示。

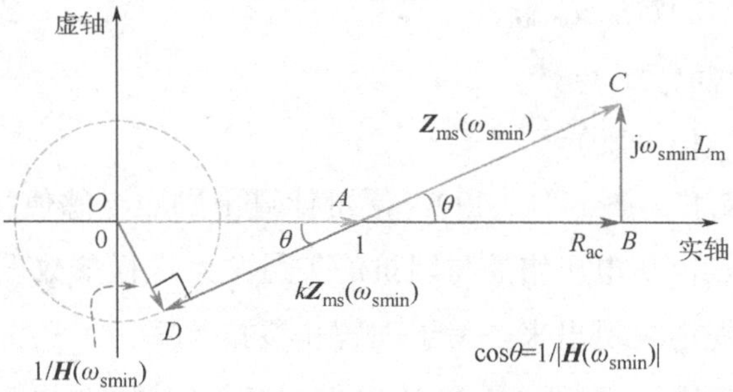

图 2.23　最小工作角频率 ω_{smin} 下的复阻抗关系图

由图 2.23 可知，首先以 $O(0,0)$为圆心，绘制半径为 $1/\boldsymbol{H}(\omega_{\text{smin}})$的圆，以 $A(1,0)$为起点，作圆的切线，交于 D 点。由此，可得 $\boldsymbol{OD}$ 为矢量 $1/\boldsymbol{H}(\omega_{\text{smin}})$，$\boldsymbol{AD}$ 为矢量 $k\boldsymbol{Z}_{\text{ms}}(\omega_{\text{smin}})$。作矢量 $\boldsymbol{AD}$ 的反向延长线，该方向即为负载串联阻抗 $\boldsymbol{Z}_{\text{ms}}(\omega_{\text{smin}})$的矢量方向。以 $A(1,0)$为起点，在实轴作长度 R_{ac} 的线段 AB。接着作直线 BC 垂直于 AB，交矢量 $\boldsymbol{Z}_{\text{ms}}(\omega_{\text{smin}})$于 C 点，此矢量 $\boldsymbol{AC}$ 即为负载串联阻抗 $\boldsymbol{Z}_{\text{ms}}(\omega_{\text{smin}})$。

由相似三角形关系，$\Delta ADO\backsim\Delta ABC$，可得：

$$\frac{\omega_{\text{smin}}L_\text{m}}{R_{\text{ac}}}=\frac{1/\left|\boldsymbol{H}(\omega_{\text{smin}})\right|}{\sqrt{1-[1/\left|\boldsymbol{H}(\omega_{\text{smin}})\right|]^2}} \tag{2.46}$$

对式（2.46）进行化简，推导出励磁电感 L_m 的计算公式为：

$$L_\text{m}=\frac{R_{\text{ac}}}{\omega_{\text{smin}}\sqrt{[\left|\boldsymbol{H}(\omega_{\text{smin}})\right|]^2-1}} \tag{2.47}$$

结合式（2.43）和式（2.47），可推导谐振电感 L_r 的计算公式为：

$$L_r = \frac{L_m \omega_{smin}^2 \left[1 - \frac{1}{\left| \boldsymbol{H}(\omega_{smin}) \right|^2} \right]}{\omega_r^2 - \omega_{smin}^2} \tag{2.48}$$

由此，便可以推导出谐振电容 C_r 的计算公式为：

$$C_r = \frac{1}{(\omega_r)^2 L_r} \tag{2.49}$$

综上所述，在设计 LLC 谐振变换器参数之前，需首先确定下列输入参数：

① 负载等效阻抗 R_{ac}；

② 最小工作角频率 ω_{smin}；

③ 串联谐振角频率 ω_r；

④ 电压增益 $A_v(\omega_{smin})$。

再根据式（2.47）～式（2.49），便可计算出励磁电感值 L_m、谐振电感值 L_r、谐振电容值 C_r。从电压增益与阻抗的矢量关系进行参数设计，各参数间的关系可以更为直观地表现出来，易于理解和参数计算。

LLC 工作在直流变压器（DCX）模式，工作角频率 ω_s 设计为略小于串联谐振角频率 ω_r，且电压增益 $A_v(\omega_s)$接近 1。本系统的参数设计值，如表 2.1 所示，电压增益曲线如图 2.24 所示。

表 2.1　LLC 谐振变换器主要参数设计值

项目	参数	符号	值
输入参数	负载等效阻抗	R_{ac}	3.06Ω
	最小运行角频率	ω_{smin}	62.8krad/s
	串联谐振角频率	ω_r	131.9krad/s
	电压增益	$A_v(\omega_{smin})$	1.023
计算结果	励磁电感值	L_m	225μH
	谐振电感值	L_r	3μH
	谐振电容值	C_r	19.5μF

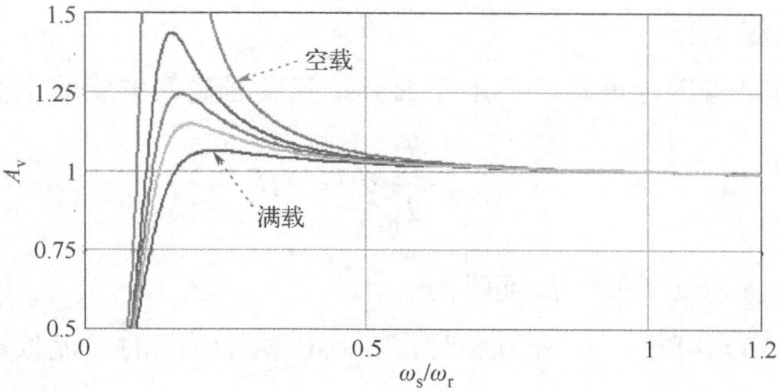

图 2.24　本书设计的 LLC 谐振变换器电压增益曲线

2.4　多模块串并联组合控制

2.4.1　两组 Boost 模块电流纹波分析

两组三电平 Boost 直流变换模块输入串联，将各模块输入电感（L_{b1}、L_{b2}）合并成一个输入电抗器（L_b），如图 2.25 所示。在两组三电平 Boost 直流变换模块输入串联情况下，对输入电感电流的纹波在 PWM 交错控制和未交错控制两种情况下分别进行分析。

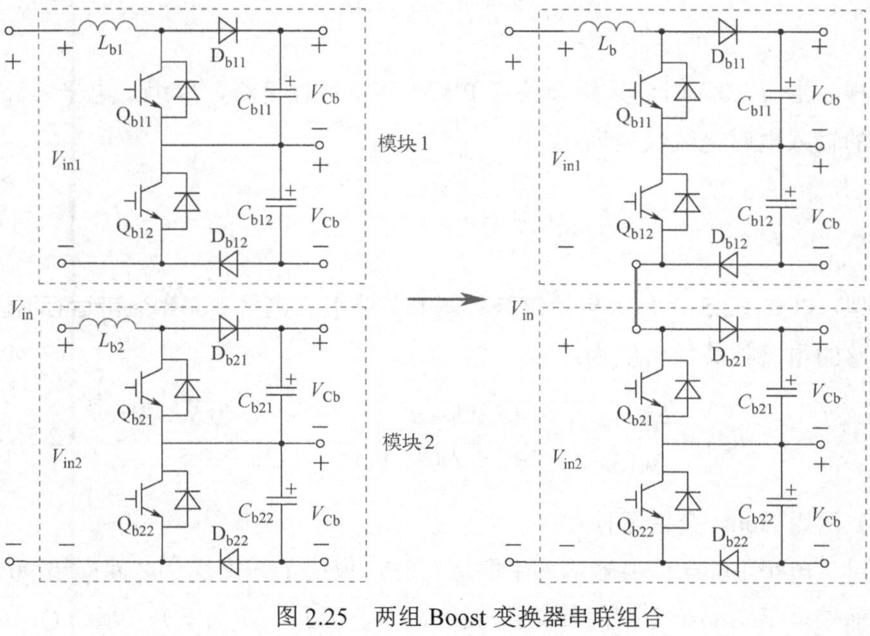

图 2.25　两组 Boost 变换器串联组合

（1）未交错运行

若未采用交错运行策略，三电平 Boost 变换器输入电感的电流纹波为：

$$\Delta i_{\mathrm{Lb\text{-}N}}=\frac{V_{\mathrm{o}}}{L_{\mathrm{b}}}d(1-d)T_{\mathrm{s}} \tag{2.50}$$

式中，T_{s}表示一个开关周期时间。

由式（2.50）可得，在 d=0.5 时，Boost 输入电感的电流纹波最大，其纹波为：

$$\Delta i_{\mathrm{Lb\text{-}NMax}}=\frac{V_{\mathrm{o}}T_{\mathrm{s}}}{4L_{\mathrm{b}}} \tag{2.51}$$

为便于分析，以 Boost 输入电感最大电流纹波值为基数，则三电平 Boost 未交错运行时，输入电感的电流纹波标幺值为：

$$\Delta i^{*}_{\mathrm{Lb\text{-}N}}=\frac{\Delta i_{\mathrm{Lb\text{-}N}}}{\Delta i_{\mathrm{Lb\text{-}NMax}}}=4d(1-d) \tag{2.52}$$

（2）单组 Boost 交错运行

当 d<0.5 时，采用开关管 PWM 交错运行策略，单组三电平 Boost 变换器的输入电感电流纹波为：

$$\Delta i_{\mathrm{Lb\text{-}1L}}=\frac{V_{\mathrm{o}}}{L_{\mathrm{b}}}d(0.5-d)T_{\mathrm{s}} \tag{2.53}$$

同样，当 d>0.5 时，采用开关管 PWM 交错运行策略，单组三电平 Boost 变换器的输入电感电流纹波为：

$$\Delta i_{\mathrm{Lb\text{-}1H}}=\frac{V_{\mathrm{o}}}{L_{\mathrm{b}}}(1-d)(d-0.5)T_{\mathrm{s}} \tag{2.54}$$

类似，以式（2.51）最大电流纹波为基数，单组三电平 Boost 交错运行时，输入电感的电流纹波标幺值为：

$$\Delta i^{*}_{\mathrm{Lb\text{-}1}}=\frac{\Delta i_{\mathrm{Lb\text{-}1H(/L)}}}{\Delta i_{\mathrm{Lb\text{-}NMax}}}=\begin{cases}4d(0.5-d) & d<0.5\\ 4(1-d)(d-0.5) & d\geqslant 0.5\end{cases} \tag{2.55}$$

（3）两组 Boost 交错运行

两组三电平 Boost 变换器输入串联运行时，模块 1 与模块 2 之间交错 90°，模块内部三电平 Boost 上下两管交错 180°运行，因此，相当于开关管（Q_{b11}、

Q_{b12}、Q_{b21}、Q_{b22}）PWM 交错运行，其输入电感电流纹波需要分 4 种情况讨论：$d<0.25$；$d<0.5$；$d<0.75$；$d<1$。采用类似式（2.55）的推导过程，得到两组三电平 Boost 模块交错运行时，输入电感的电流纹波标幺值为：

$$\Delta i_{\text{Lb-2}}^{*}=\frac{\Delta i_{\text{Lb-2}}}{\Delta i_{\text{Lb-NMax}}}=\begin{cases}4d(0.25-d) & d<0.25\\4(0.5-d)(d-0.25) & 0.25\leqslant d<0.5\\4(0.75-d)(d-0.5) & 0.5\leqslant d<0.75\\4(1-d)(d-0.75) & d\geqslant 0.75\end{cases}\tag{2.56}$$

由式（2.52）、式（2.55）和式（2.56）可得，采用不同控制方式，输入电感电流纹波值随占空比 d 变化情况如图 2.26 所示。由图 2.26 可以得到，采用两组模块交错运行时，输入电感电流纹波的最大值是单组交错运行的 1/4。可以进一步推导，若 n 组三电平 Boost 变换器输入串联，在 n 组 PWM 交错运行时，输入电感的电流纹波最大值可以降低到单组交错运行的 $1/n^2$，也就是说，在保证输入电感电流纹波不变的情况下，输入电感的感值可以减小到单组交错运行的 $1/n^2$。因此，多个 Boost 变换器模块输入串联时，采用开关管 PWM 交错运行，可以减小磁性器件的体积并减轻质量，提高整机的功率密度。

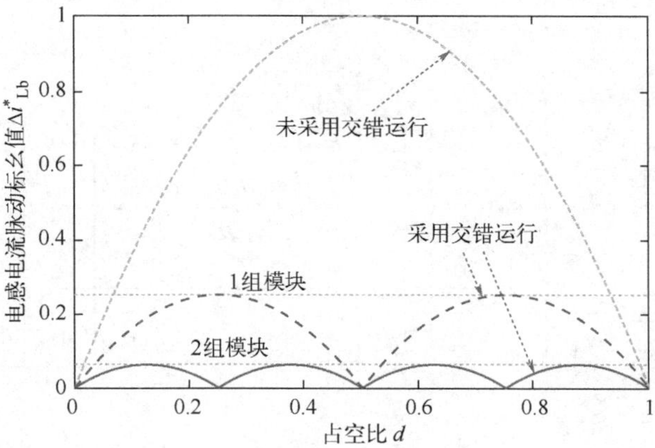

图 2.26 电感电流纹波随占空比 d 变化情况对比

2.4.2 多模块 ISOP 组合控制

在高电压输入、大电流输出的应用场合，通常采用多个低压模块 ISOP 组合结构，实现产品的模块化设计。针对城轨辅助电源具有 DC750V、DC1500V 和 DC3000V 等供电制式情况，设计一个 DC750V 输入的标准变换模块进行 ISOP 组合，满足城轨辅助电源不同供电制式的应用。下面分析两组 Boost-LLC 直流变换模块 ISOP 组合的均压和均流控制，组合电路拓扑如图 2.27 所示。

由于两组 LLC 变换器工作在 DCX 模式，且品质因数 Q 较小、L_m/L_r 较大，因此电压增益曲线在谐振频率 f_r 点附近很平坦，电压增益近似为 1。因此，LLC 变换器在谐振频率点附近的电压增益为：

$$M_{\text{LLC-DCX}} = \frac{N_k V_o}{V_{cbk}} \approx 1 \quad (k=1,2) \tag{2.57}$$

式中，V_o 为输出电压；V_{Cbk} 为第 k 模块的母线电容 C_{bk} 电压；N_k 为第 k 模块的变压器匝比。

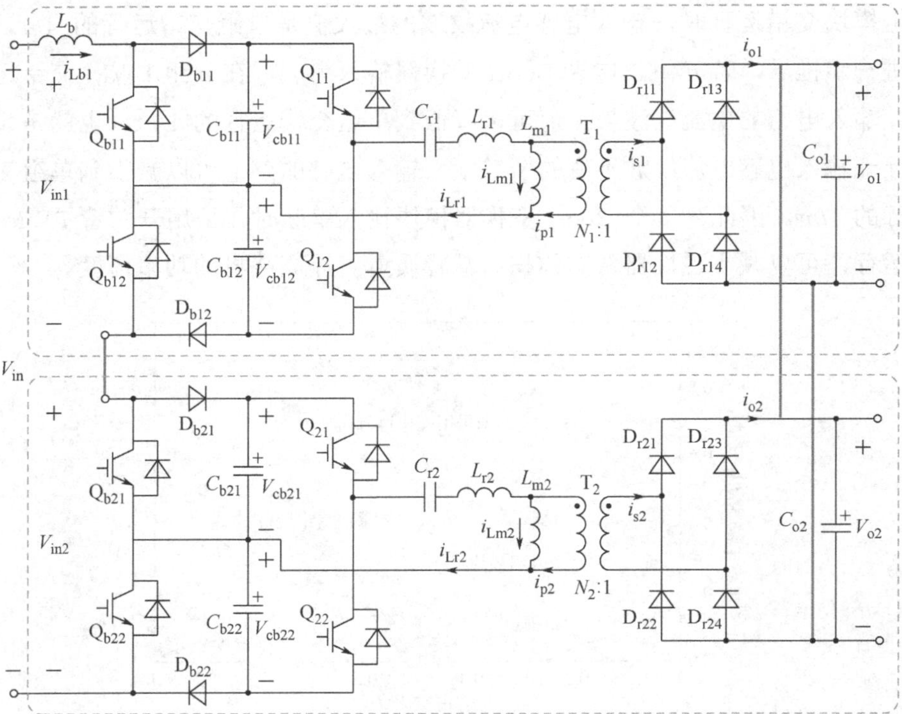

图 2.27　两组 Boost-LLC 两级式直流变换模块 ISOP 组合电路

两组 LLC 变换器的变压器匝比 N_k 相等，即 $N_1=N_2=N$，且后级并联输出，故 $V_{o1}=V_{o2}=V_o$。LLC 变换器工作频率在谐振频率附近，且 LLC 工作在直流电压增益近似为 1 的 DCX 模式，则有：

$$V_{cb} = V_{cb1} = V_{cb2} = NV_o \tag{2.58}$$

式中，$V_{cb1}=(V_{cb11}+V_{cb12})/2$；$V_{cb2}=(V_{cb21}+V_{cb22})/2$。

根据分析，两组三电平 Boost 变换模块采用相同的占空比 d，可得 Boost 变换器电压增益关系为：

$$\begin{cases} V_{\text{in1}}=V_{\text{cb1}}(1-d) \\ V_{\text{in2}}=V_{\text{cb2}}(1-d) \end{cases} \tag{2.59}$$

式中，V_{in1}、V_{in2} 分别表示模块 1 和模块 2 输入电压。

结合式（2.58）和式（2.59），得到两组 Boost 变换器具有相同的输入电压，即：

$$V_{\text{in1}}=V_{\text{in2}}=V_{\text{cb}}(1-d)=\frac{V_{\text{in}}}{2} \tag{2.60}$$

因此，两组 Boost-LLC 模块 ISOP 组合可以实现模块间输入电压的自动均压。

由于两组 Boost-LLC 模块的输入串联，因此输入电流自然相等，即：

$$I_{\text{in1}}=I_{\text{in2}}=I_{\text{in}} \tag{2.61}$$

式中，I_{in1}、I_{in2} 分别表示模块 1 和模块 2 的三电平 Boost 输入电流。

假设两组 Boost-LLC 模块的效率相等，即：$\eta_1=\eta_2=\eta$。根据功率关系有：

$$V_{\text{in}k}I_{\text{in}k}\eta=V_{\text{o}}I_{\text{o}k} \quad (k=1,2) \tag{2.62}$$

结合式（2.60）～式（2.62），可以得到两组 Boost-LLC 模块的输出电流相等，即：

$$I_{\text{o1}}=I_{\text{o2}} \tag{2.63}$$

实现两组模块 ISOP 组合时输出电流的均流控制。

综上，本书所采用 Boost-LLC 两级式电路，若两组 Boost 变换器的占空比相同且 LLC 工作在 DCX 模式，可自动实现模块间的输入均压和输出均流。上述推导过程，可延展到 n 组 Boost-LLC 模块的 ISOP 组合电路，满足轨道交通的不同供电制式。同理，n 个 Boost-LLC 模块的 ISOP 组合电路，也可自动实现 n 组模块间的输入均压和输出均流。

2.5 高频隔离直流变换模块结构布局

两组高频隔离直流变换模块 ISOP 组合电路拓扑如图 2.28 所示。每组直流变换模块包括三电平 Boost 电路、高频隔离半桥电路、逆变用 LLC 谐振网络、充电用 LLC 谐振网络、逆变用整流电路和充电用整流电路，将逆变用 LLC 谐振网络和充电用 LLC 谐振网络集成化，为紧凑型结构优化设计奠定基础。

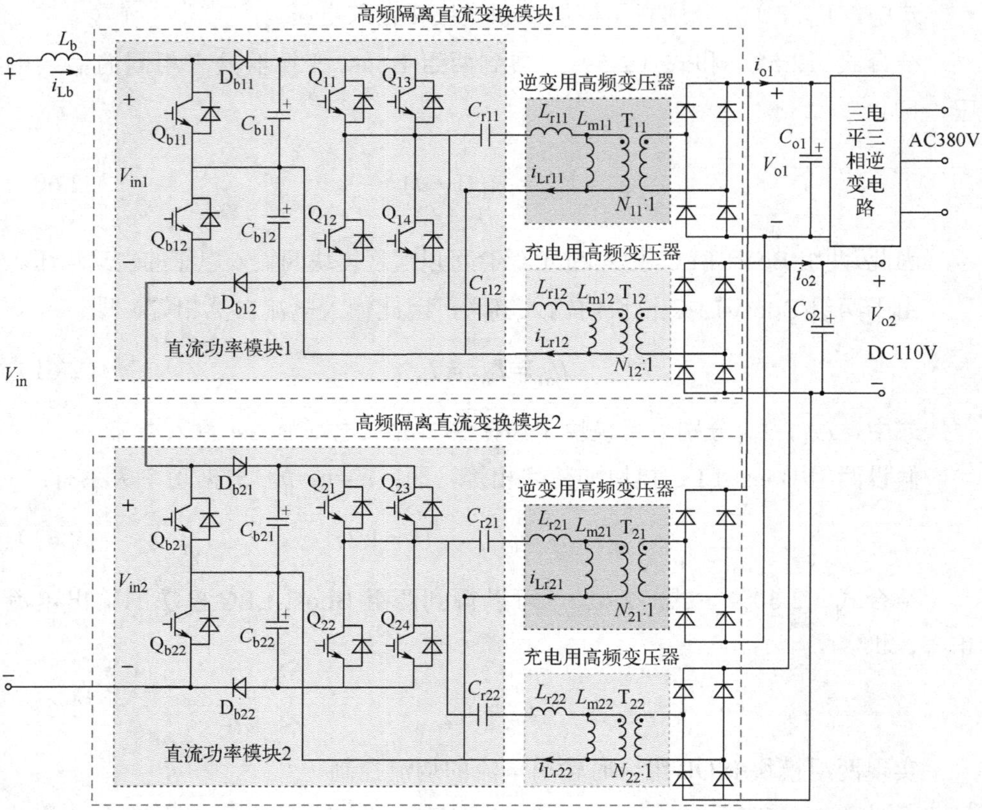

图 2.28　两组高频隔离直流变换模块 ISOP 组合电路拓扑

利用高频变压器的漏感来实现 LLC 谐振电感，提高直流变换模块的轻量化和紧凑程度，集成谐振电感、励磁电感和变压器，减小磁性器件的体积。高频变压器需要放在非密封仓进行强迫风冷，由此，可将集成式的高频辅助电源以高频隔离变压器为界线，分为前级和后级两个独立结构的功率模块，如图 2.29 所示，其中前级模块包括两组两级式直流功率模块，后级模块包括整流单元、三相逆变器和充电 DC/DC。

前级模块的两组两级式直流功率模块相互独立，在散热模块的布局呈中线对称，各占一半空间，如图 2.30 所示。

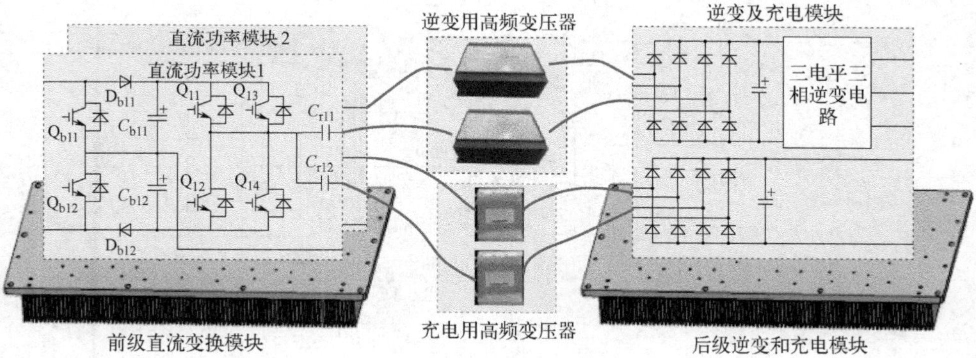

图 2.29 高频隔离直流变换模块结构布局示意图

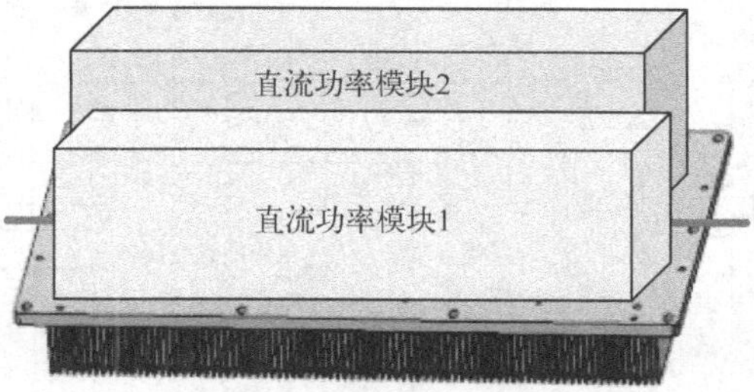

图 2.30 前级直流变换模块结构布局

2.6 实验结果

针对理论分析，搭建集成式高频辅助电源实验平台，完成实验验证。对城轨辅助电源的 Boost-LLC 两级式高频隔离直流变换单元进行硬件实现，对比分析集成式高频辅助电源和传统高频辅助电源整机效率，验证集成式高频辅助电源在整机效率上存在优势。

2.6.1 仿真结果

针对集成式高频隔离直流变换电路和控制策略可行性分析，搭建仿真平台，主电路如图 2.31 所示。变换器的仿真参数为：额定输入电压 V_{in} 为 DC1500V，逆变回路输出直流电压 V_{o1} 为 DC750V，充电 DC/DC 输出直流电压 V_{o2} 为 DC110V，输入电感 L_b 为 2.1mH。

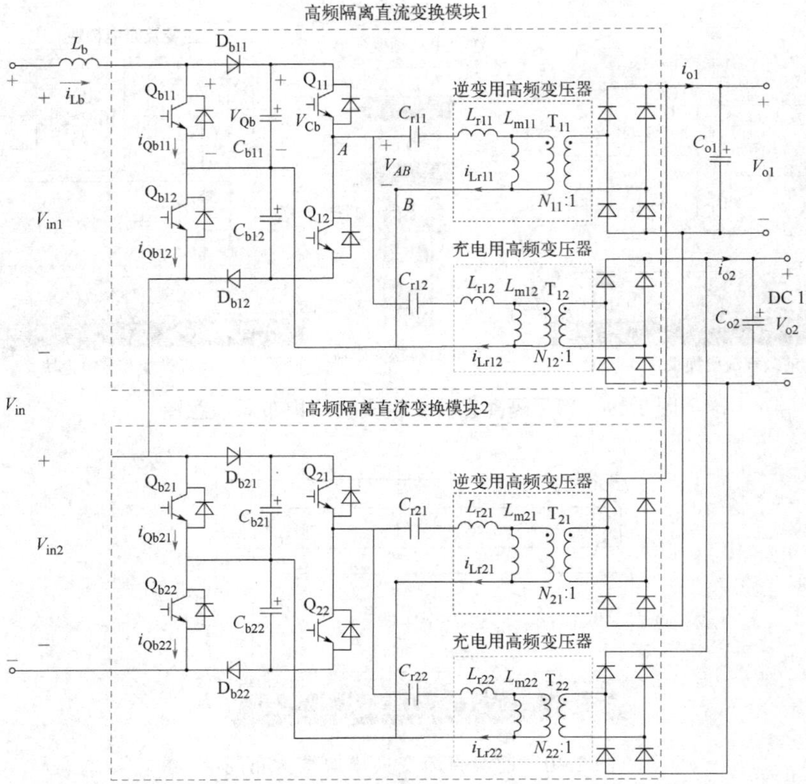

图 2.31　集成式高频隔离直流变换器主电路

根据仿真平台，三电平 Boost 变换器在 PWM 交错运行模式下 Boost 电感电流与各开关管的电流仿真波形如图 2.32。分析可得，输入电压为 DC1000V、DC1500V 时，分别对应 Boost 变换器占空比 d 为 0.54、0.32，此时电感电流 i_{Lb} 纹波分别为 1.9A 和 2.8A。仿真结果表明，三电平 Boost 变换器输入电感的电流纹波随占空比 d 变化的趋势，与图 2.26 的理论分析一致。

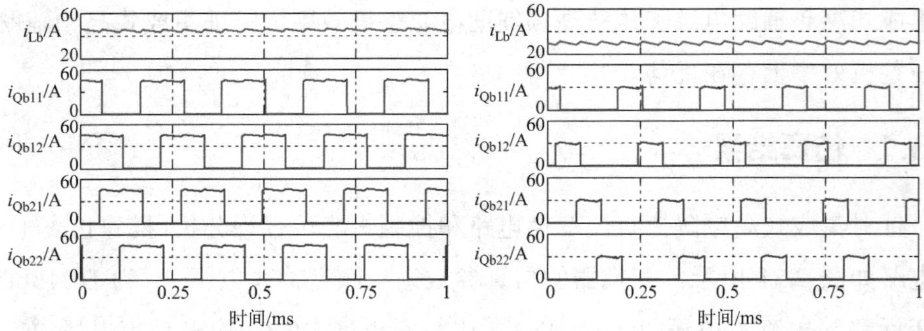

(a) DC1000V输入电压条件下　　(b) DC1500V输入电压条件下

图 2.32　Boost 交错运行下电感电流与各开关管电流波形

图 2.33 为单模块 Boost-LLC 电路的满载稳态仿真波形，可以看出三电平上、下母线电压 V_{Cb11} 和 V_{Cb12} 波动电压峰峰值小于 20V，均压效果良好。从谐振电流 i_{Lr11} 和 i_{Lr12} 的波形可以看出，两个谐振槽的串联谐振频率与开关频率相近，谐振电流近似为正弦波，具有良好的满载稳态特性。

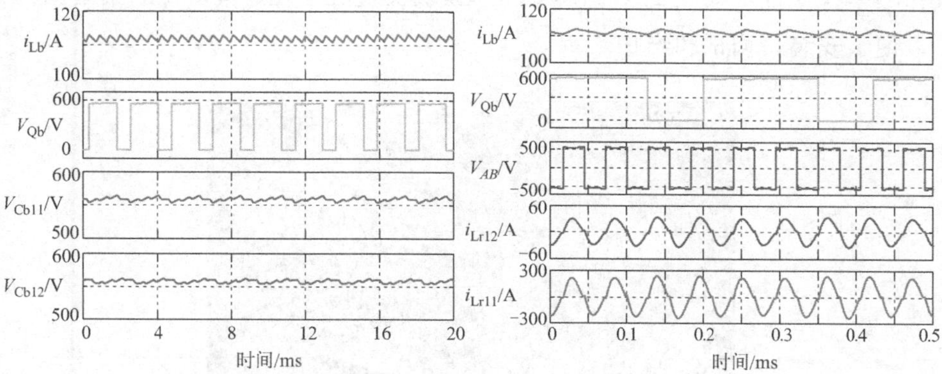

图 2.33 单模块 Boost-LLC 电路满载仿真波形

图 2.34 为两组 Boost-LLC 直流变换模块 ISOP 组合的仿真波形，其中图 2.34（a）为逆变回路满载（140kW）稳态波形，图 2.34（b）为充电 DC/DC 回路稳态波形。图 2.34（a）中虚线标记时刻，模块 1 谐振电流 i_{Lr11} 为 286.1A，模块 2 谐振电流 i_{Lr21} 为 294A，谐振电流相差仅为 7.9A。同样，图 2.34（b）中虚线标记时刻，模块 1 谐振电流 i_{Lr12} 为 30.3A，模块 2 谐振电流 i_{Lr22} 为 32.6A，谐振电流相差仅为 2.3A。逆变直流母线电压 V_{o1} 维持在 DC750V，充电直流电压 V_{o2} 维持在 DC110V，电压纹波均小于 2V，实现良好的输出电压特性。

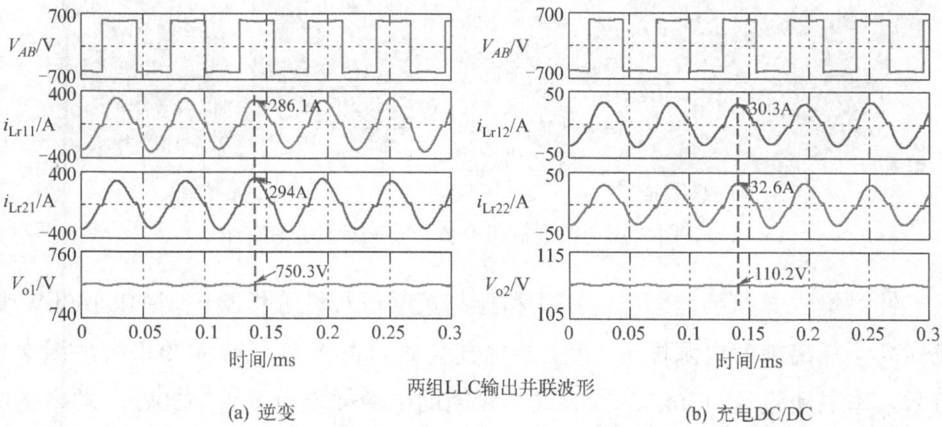

两组LLC输出并联波形

(a) 逆变　　(b) 充电DC/DC

图 2.34 两组 Boost-LLC 电路 ISOP 组合的满载仿真波形

2.6.2 样机实验

实际样机制作中，采用高频变压器的漏感代替 LLC 谐振电感，从而将谐振电感、励磁电感和变压器集成，有效减小磁性器件的体积。根据电路结构布局，设计功率模块外形如图 2.35 所示。功率模块实现轻量化、模块化的紧凑结构设计，便于安装、调试和维护。

图 2.35　集成式高频辅助电源前级功率模块样机

集成式高频辅助电源的控制单元，采用中车旗下子公司设计的 3U 标准控制机箱，如图 2.36 所示，利用机箱式结构有利于抑制电磁干扰，提高变换器的稳定性。核心控制板为 DSP+FPGA 架构，具有故障存储和以太网通信功能。

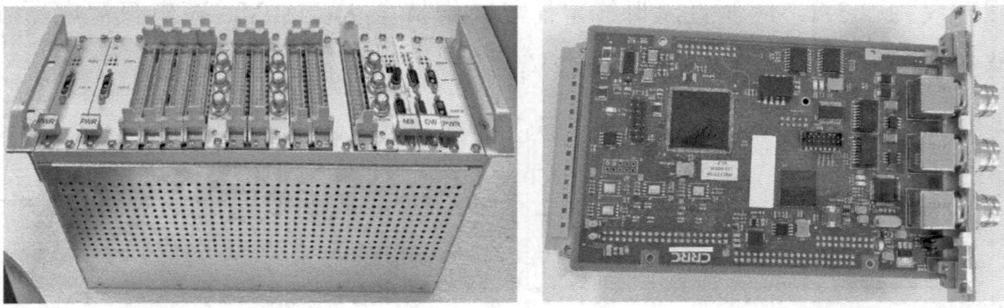

(a) 控制机箱　　(b) 核心控制板

图 2.36　控制机箱及核心控制板外形图

针对集成式高频辅助电源拓扑和控制策略可行性分析验证，搭建 160kW 集成式高频隔离辅助电源样机，其主要电气参数如表 2.2 所示，实验平台如图 2.37 所示。本书所设计 160kW 集成式高频辅助电源样机质量为 550kg，功率密度 291W/kg。

表 2.2 集成式高频隔离辅助电源的主要参数

参数	值
额定电网电压	DC1500V
电网电压波动范围	DC1000～2000V
输出直流电压（逆变回路）	DC750V
输出直流电压（充电 DC/DC 回路）	DC110V
三相逆变电压	AC380V
逆变电压频率	50Hz
额定功率	140kW+20kW
质量	550kg

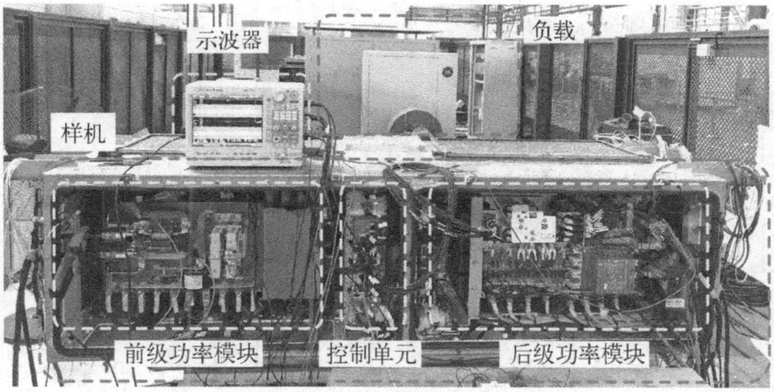

图 2.37 集成式高频隔离辅助电源样机实验平台

针对集成式高频隔离辅助电源，电路测试的电压、电流点位见图 2.38 中的浅色变量标记，其中各测试点的含义：V_{in} 为输入电网电压；i_{Lb} 为输入 Boost 电感的电流值；V_{Qb} 为开关管 Q_{b11} 两端的电压值；V_{Cb1} 和 V_{Cb2} 分别为 Boost 上、下母线电容两端的电压值；i_{Lr11}、i_{Lr12}、i_{Lr21} 和 i_{Lr22} 分别为谐振电感 L_{r11}、L_{r12}、L_{r21} 和 L_{r22} 流过的电流值；V_{o1} 为高频隔离输出直流电压 1（即逆变直流母线电压）；V_{o2} 为高频隔离输出直流电压 2（即充电 DC/DC 回路）；u_p 和 u_n 分别为三电平逆变直流母线上、下电容电压值；u_{ab}、u_{bc} 和 u_{ac} 分别为三电平逆变器三相输出线电压值；i_a、i_b 和 i_c 分别为三电平逆变器三相输出电流值。

图 2.39 为单组 Boost-LLC 高频隔离直流变换电路在 60kW 负载（50kW 逆变回路负载和 10kW 充电负载）情况下的实验波形，可以看出两个共桥臂的谐振槽均实现开关管的 ZVS。图 2.40 为单组 Boost-LLC 直流变换电路突加 50kW 逆变回路负载情况下的实验波形，从图中可以看出，在突加逆变回路负载时，

逆变直流母线电压在 5ms 内恢复 DC750V，电压跌落小于 30V。同时，LLC 谐振电流逐渐平稳增加，整个过程未出现谐振电流振荡，具有快速的动态调节能力。

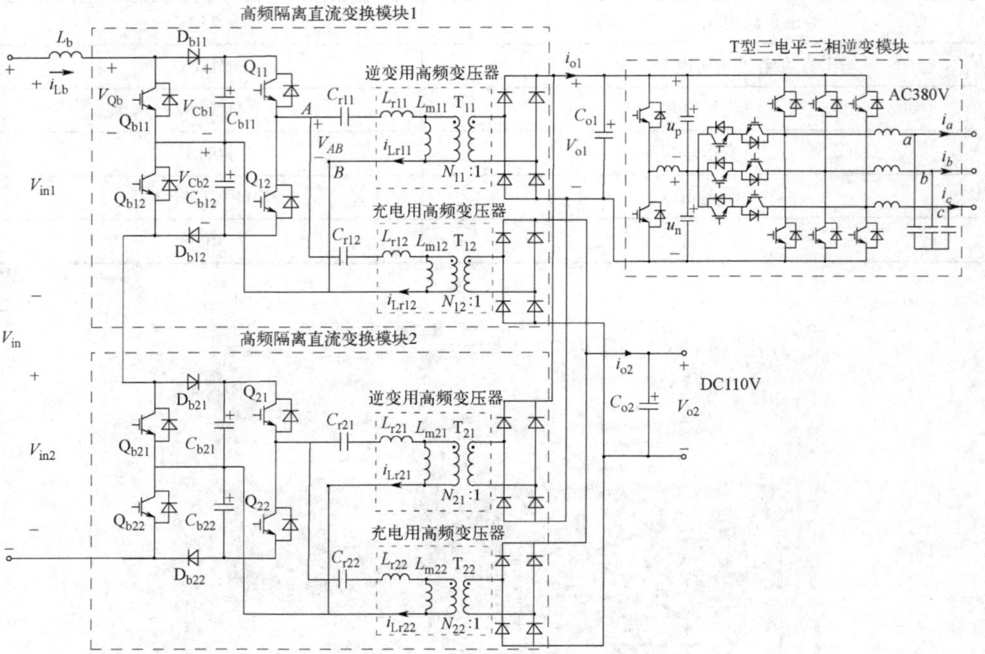

图 2.38 集成式高频隔离辅助电源实验测试点示意图

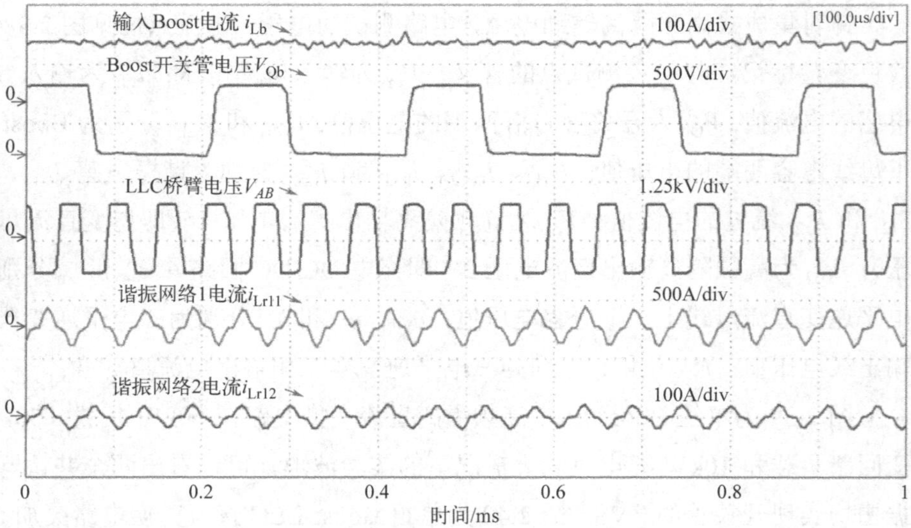

彩图

图 2.39 单组 Boost-LLC 高频隔离直流变换模块稳态实验波形

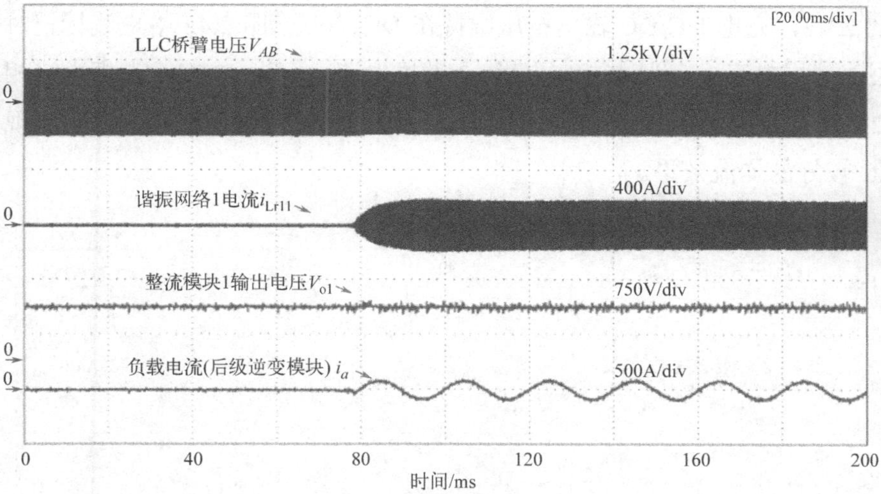

彩图

图 2.40 单组高频隔离直流变换模块加载实验（div 表示一格）

图 2.41 为两组 Boost-LLC 高频隔离直流变换模块 ISOP 组合，逆变直流回路满载（140kW）稳态实验波形，可以看出，两组 LLC 直流变换器均实现开关管的 ZVS，逆变直流母线电压维持在 DC750V。图 2.41 中虚线标记时刻，模块 1 谐振电流 i_{Lr11} 为 292.6A，模块 2 谐振电流 i_{Lr21} 为 297.9A，谐振电流相差仅为 5.3A，两组 LLC 变换器逆变回路的谐振电流偏差≤2%，实现良好的均流效果。

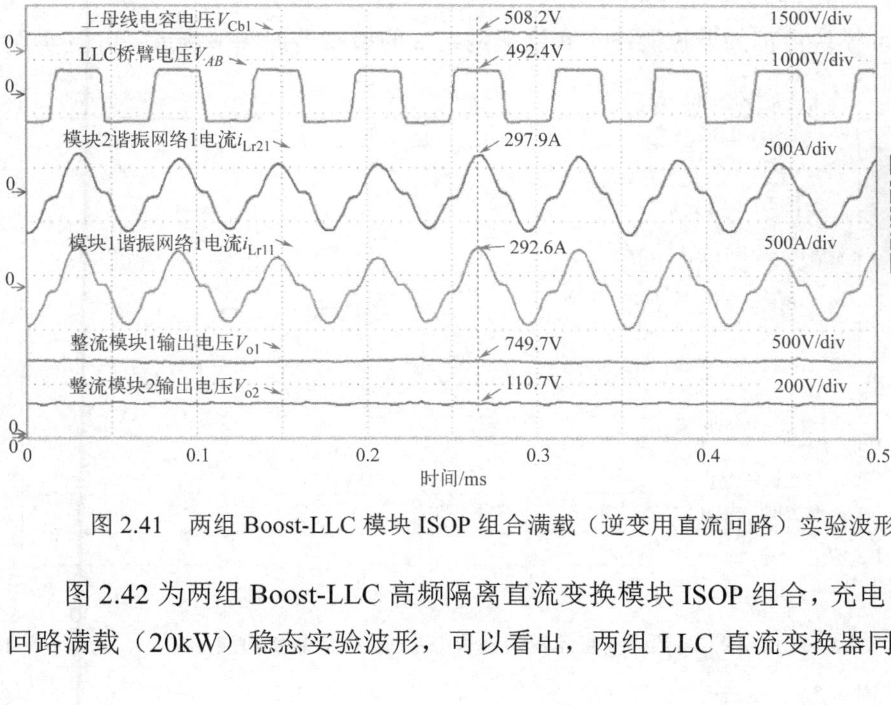

彩图

图 2.41 两组 Boost-LLC 模块 ISOP 组合满载（逆变用直流回路）实验波形

图 2.42 为两组 Boost-LLC 高频隔离直流变换模块 ISOP 组合，充电 DC/DC 回路满载（20kW）稳态实验波形，可以看出，两组 LLC 直流变换器同样实现

开关管的 ZVS，充电 DC/DC 输出电压维持在 DC100V。图 2.42 中虚线标记时刻，模块 1 谐振电流 i_{Lr12} 为 45.1A，模块 2 谐振电流 i_{Lr22} 为 42.2A，谐振电流相差仅为 2.9A，两组 LLC 变换器充电 DC/DC 回路的谐振电流偏差≤6.2%，实现两组 LLC 较好的均流效果。

彩图

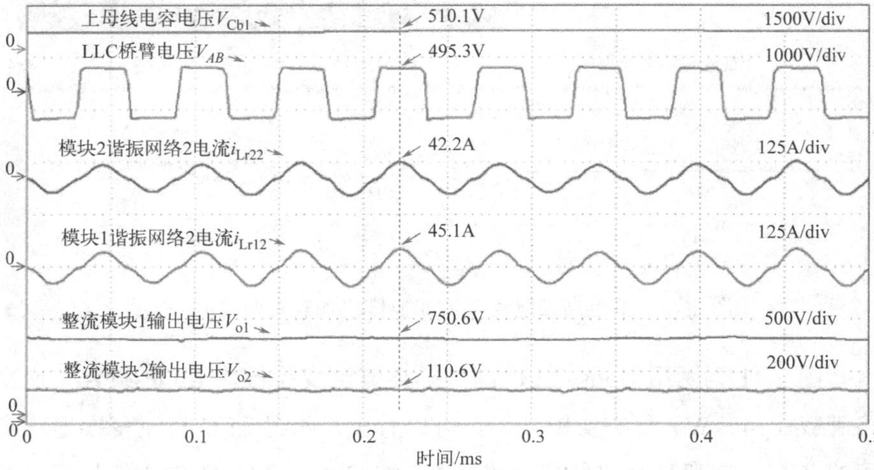

图 2.42　两组 Boost-LLC 模块 ISOP 组合带 20kW 充电 DC/DC 负载实验波形

图 2.43 为两组 Boost-LLC 高频隔离直流变换模块 ISOP 组合，在 160kW（140kW 逆变回路负载和 20kW 充电 DC/DC 负载）满载情况下的实验波形，可以看出，模块内部的谐振网络 1 和谐振网络 2 的串联谐振频率接近，并且实现

彩图

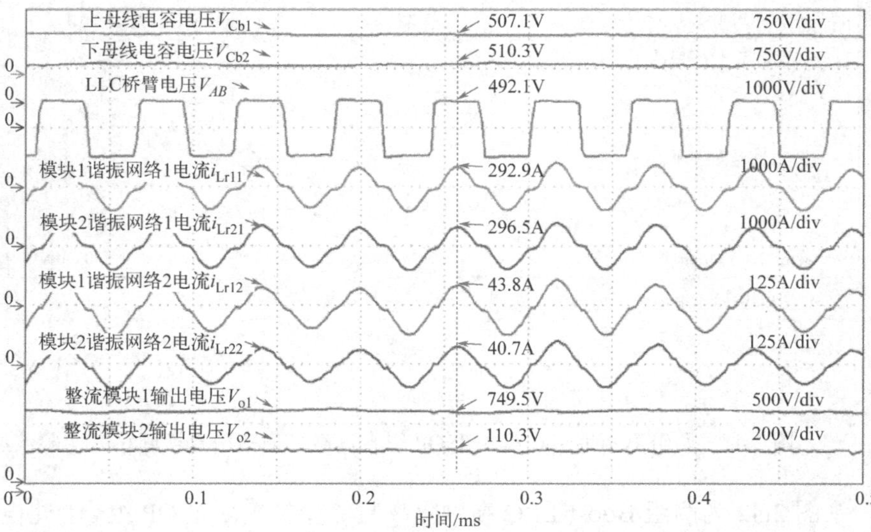

图 2.43　高频隔离直流变换模块 ISOP 组合满载实验波形

开关管 ZVS，逆变直流母线维持在 DC750V，充电直流电压维持在 DC110V。图 2.43 中虚线标记时刻，上、下母线电压 V_{Cb1} 和 V_{Cb2} 分别为 507.1V 和 510.3V，相差仅为 3.2V，三电平 Boost 变换器实现良好的均压效果。直流变换器模块间的谐振电流 i_{Lr11} 和 i_{Lr21} 相差仅为 3.6A，谐振电流 i_{Lr12} 和 i_{Lr22} 相差仅为 3.1A，实现良好的均流效果和稳态特性。

2.7 小结

本章主要研究集成式高频隔离直流变换电路设计及其组合控制，实现了充电 DC/DC 与 Boost-LLC 两级式直流变换模块集成。首先对三电平 Boost 变换器的工作原理进行分析，建立三电平 Boost 变换器的小信号数学模型；接着对 LLC 谐振变换器进行阶段分析，提出基于复阻抗的基波近似法，简化 LLC 谐振变换器参数设计过程；然后分析三电平 Boost 输入串联的 PWM 交错运行策略以及对 Boost 电感开关纹波的影响，理论推导 Boost-LLC 两级式变换器输入串联输出并联（ISOP）组合结构；再以 DC750V 集成式高频隔离直流变换电路为单个模块，通过 ISOP 组合结构及控制，实现输入电压自然均压和输出电流自然均流，满足 DC1500V 供电需求；最后搭建仿真模型与样机模型完成实验验证。

第 3 章 直流功率模块低感母线的设计

直流功率模块的紧凑结构设计对轻量化城轨辅助电源尤为重要，叠层母排因其低杂散电感、载流大、结构紧凑等优点，可有效减小系统体积并减轻质量。考虑直流母线存在杂散电感，为保证开关管安全工作电压，需增加吸收电容抑制开关管动作的电压尖峰，通过叠层母排的低杂散电感设计，可取消功率模块的吸收电容，易于提高功率模块的集成度。本章通过两级式直流功率模块的耦合电感模型，详细分析开关管电压应力与杂散电感之间的关系，采用 Boost-LLC 两级式直流功率模块的无吸收电容低感母线设计方法，降低各回路等效电感，减小开关管关断过冲。

3.1 两级式直流变换电路换流回路

两级式 Boost-LLC 直流变换电路的换流回路多且输入侧三电平 Boost 变换器与输出侧 LLC 变换器变换回路相互耦合，如图 3.1 所示。其中，Q_1、Q_2 为输入侧的开关管，D_1、D_2 为输入侧的二极管，Q_3、Q_4 为输出侧的开关管，C_1、C_2 为直流母线电容，P、O、N 分别为直流母线的正电位点、零点、负电位点。中间直流母线采用叠层母排进行连接，可减少换流回路路径，母排分为正母线层（P）、零母线层（O）和负母线层（N），分别与三电平 Boost 变换器、LLC

变换器桥臂相连。

根据两级式直流变换电路输入侧和输出侧的不同开关状态，共存在八种通流回路，如图3.2所示，其中箭头方向表示电流的参考方向。开关状态不同时，输入电流 i_{in} 和输出电流 i_o 将通过各自桥臂的上管或者下管，形成不同的通流回路。由于中间母线电容容值较大，电容电压 v_{C1} 和 v_{C2} 在开关周期内可视为恒定。

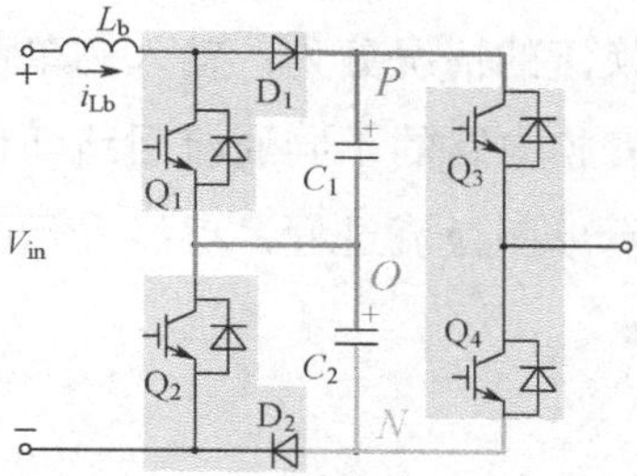

图 3.1 两级式直流变换电路的中间直流母线分布

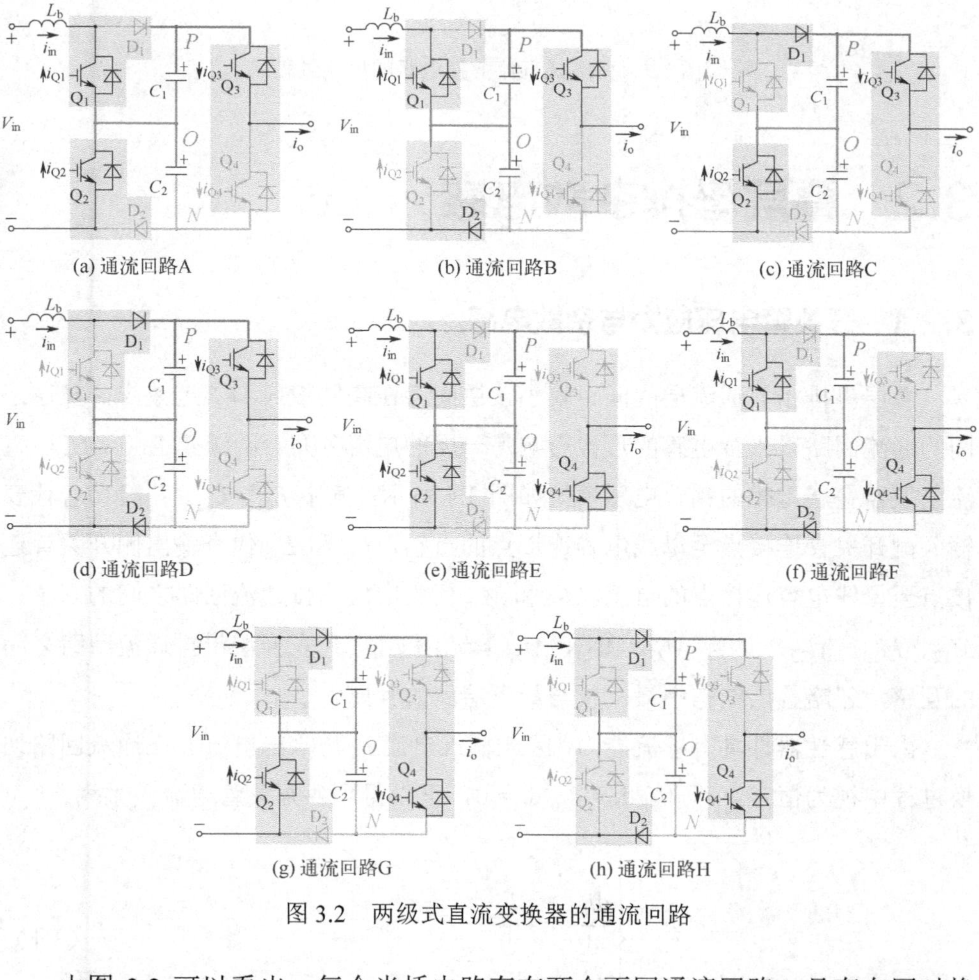

(a) 通流回路A

(b) 通流回路B

(c) 通流回路C

(d) 通流回路D

(e) 通流回路E

(f) 通流回路F

(g) 通流回路G

(h) 通流回路H

图 3.2 两级式直流变换器的通流回路

由图 3.2 可以看出，每个半桥电路存在两个不同通流回路，且存在同时换流的情况，因此需要研究不同换流过程对杂散电感的影响。输入侧桥臂和输出侧桥臂的控制和驱动相互独立，开关管的开关频率也存在差异，根据瞬间发生换流的情况分为：输入侧单侧换流、输出侧单侧换流和双侧换流。两级式直流变换电路的不同通流回路间切换，共有 28 种换流过程，如图 3.3 所示，实线表示单侧换流过程，虚线表示两侧同时换流过程。

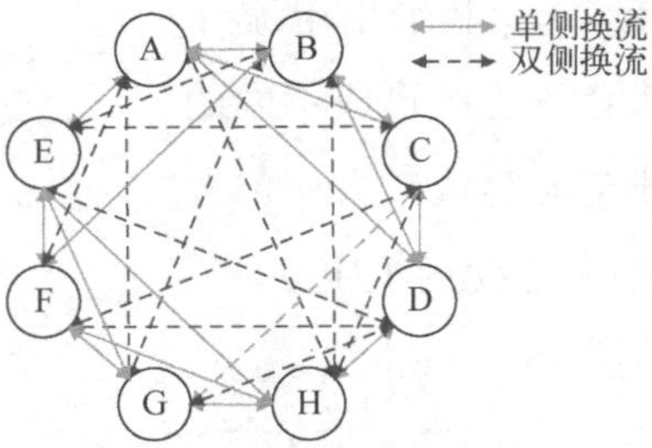

图 3.3 两级式直流变换电路的换流过程

3.2 叠层母排杂散电感

3.2.1 开关管电压应力与杂散电感

叠层母排相邻通流层的间距较小，层间存在趋肤效应和邻近效应，异层之间的通流回路以耦合电感的形式影响另一层的电流分布。两级式 Boost-LLC 直流变换器叠层母排的耦合电感模型如图 3.4 所示，其中 L_{s1}、L_{s2}、L_{s3} 和 L_{s4} 代表输入侧开关管连接点至母线电容连接点的自感，L_{s5} 和 L_{s6} 代表输出侧开关管连接点至母线电容连接点的自感，M_{15} 和 M_{46} 代表同层母排通流回路之间的互感，M_{12}、M_{13}、M_{25}、M_{35}、M_{23}、M_{24}、M_{26}、M_{34} 和 M_{36} 代表异层母排通流回路之间的互感，忽略叠层结构中最上层与最下层间的互感。

由于感性器件具有续流能力，因此输入电流 i_{in} 与输出电流 i_o 在通流回路切换过程中视为恒定，即 $\mathrm{d}i_{in}/\mathrm{d}t = \mathrm{d}i_o/\mathrm{d}t = 0$，可以得到各开关管电流关系为：

$$\begin{cases} i_{in} = i_{Q1} - i_{Q2} = i_{Q3} - i_{Q4} \\ \dfrac{\mathrm{d}i_{Q1}}{\mathrm{d}t} = \dfrac{\mathrm{d}i_{Q2}}{\mathrm{d}t} \\ \dfrac{\mathrm{d}i_{Q3}}{\mathrm{d}t} = \dfrac{\mathrm{d}i_{Q4}}{\mathrm{d}t} \end{cases} \tag{3.1}$$

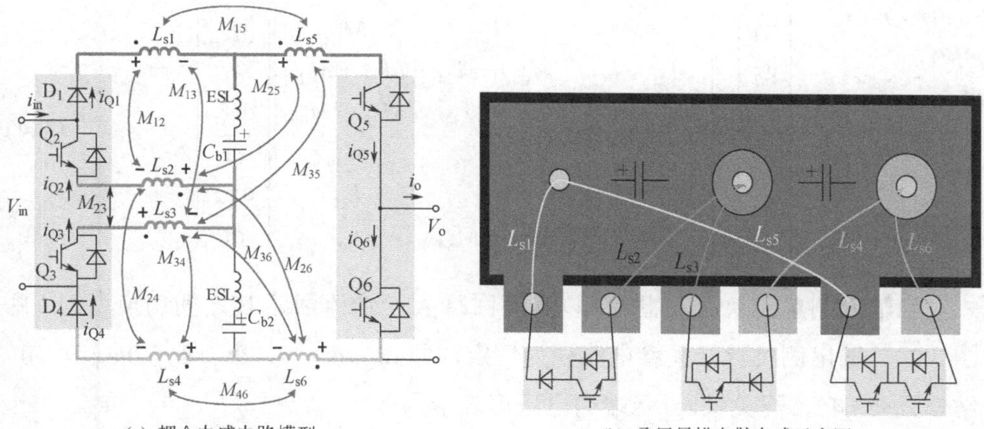

(a) 耦合电感电路模型　　(b) 叠层母排杂散电感示意图

图 3.4　两级式直流变换器中间直流母线的耦合电感模型

$$\begin{cases} i_o = i_{Q5} - i_{Q6} \\ \dfrac{di_{Q5}}{dt} = \dfrac{di_{Q6}}{dt} \end{cases} \tag{3.2}$$

式中，i_{Q1}、i_{Q2}、i_{Q3}、i_{Q4}、i_{Q5} 和 i_{Q6} 分别对应开关管与二极管的电流。

由图 3.4（a），Boost-LLC 直流变换电路的电压、电流与母排杂散电感之间的关系可以表示为：

$$\begin{bmatrix} v_{s1} \\ v_{s2} \\ v_{s3} \\ v_{s4} \\ v_{s5} \\ v_{s6} \end{bmatrix} = \begin{bmatrix} L_{s1} & M_{12} & M_{13} & 0 & M_{15} & 0 \\ M_{21} & L_{s2} & M_{23} & M_{24} & M_{25} & M_{26} \\ M_{31} & M_{32} & L_{s3} & M_{34} & M_{35} & M_{36} \\ 0 & M_{42} & M_{43} & L_{s4} & 0 & M_{46} \\ M_{51} & M_{52} & M_{53} & 0 & L_{s5} & 0 \\ 0 & M_{62} & M_{63} & M_{64} & 0 & L_{s6} \end{bmatrix} \begin{bmatrix} \dfrac{di_{Q1}}{dt} \\ \dfrac{di_{Q2}}{dt} \\ \dfrac{di_{Q3}}{dt} \\ \dfrac{di_{Q4}}{dt} \\ \dfrac{di_{Q5}}{dt} \\ \dfrac{di_{Q6}}{dt} \end{bmatrix} \tag{3.3}$$

式中，v_{s1}、v_{s2}、v_{s3}、v_{s4}、v_{s5} 和 v_{s6} 分别代表叠层母排各等效杂散电感两端电压。

结合式（3.1）～式（3.3)，电压电流与杂散电感关系可以化简为：

$$\begin{bmatrix} v_{s1} \\ v_{s2} \\ v_{s3} \\ v_{s4} \\ v_{s5} \\ v_{s6} \end{bmatrix} = \begin{bmatrix} L_{s1}+M_{12} & M_{13} & M_{15} \\ M_{21}+L_{s2} & M_{23}+M_{24} & M_{25}+M_{26} \\ M_{31}+M_{32} & L_{s3}+M_{34} & M_{35}+M_{36} \\ M_{42} & M_{43}+L_{s4} & M_{46} \\ M_{51}+M_{52} & M_{53} & L_{s5} \\ M_{62} & M_{63}+M_{64} & L_{s6} \end{bmatrix} \begin{bmatrix} \dfrac{di_{Q1}}{dt} \\ \dfrac{di_{Q3}}{dt} \\ \dfrac{di_{Q5}}{dt} \end{bmatrix} \tag{3.4}$$

当输入侧单侧换流发生时，以通流回路 A 至通流回路 B 之间切换为例（见图 3.2），输出侧桥臂开关管电流视为恒定，即 $di_{Q1}/dt=0$，$di_{Q5}/dt=di_{Q6}/dt=0$。结合式（3.4），开关管 Q_2 两端的电压可表示为：

$$v_{Q2}=v_{s3}+v_{s4}+v_{C2}=(L_{s3}+L_{s4}+M_{34}+M_{43})\frac{di_{Q3}}{dt}+v_{C2} \tag{3.5}$$

当输出侧单侧换流发生时，以通流回路 A 至通流回路 E 之间切换为例（见图 3.3），输入侧桥臂开关管电流视为恒定，即 $di_{Q1}/dt=0$，$di_{Q3}/dt=0$。结合式（3.4），开关管 Q_3 两端的电压可表示为：

$$v_{Q3}=-v_{s5}-v_{s6}+v_{C1}+v_{C2}=-(L_{s5}+L_{s6})\frac{di_{Q5}}{dt}+v_{C1}+v_{C2} \tag{3.6}$$

当双侧换流发生时，以通流回路 A 至通流回路 F 之间切换为例，输入侧和输出侧开关管同时发生换流，开关管电压 Q_2 和 Q_3 两端的电压可表示为：

$$v_{Q2}=v_{s3}+v_{s4}+v_{C2}=(L_{s3}+L_{s4}+M_{34}+M_{43})\frac{di_{Q3}}{dt}+(M_{35}+M_{36}+M_{46})\frac{di_{Q5}}{dt}+v_{C2} \tag{3.7}$$

$$v_{Q3}=-v_{s5}-v_{s6}+v_{C1}+v_{C2}=-(M_{53}+M_{63}+M_{64})\frac{di_{Q3}}{dt}-(L_{s5}+L_{s6})\frac{di_{Q5}}{dt}+v_{C1}+v_{C2} \tag{3.8}$$

综上，开关管电压尖峰不仅与本侧通流回路的自感和互感有关，还与两侧通流回路之间的互感有关。因此，减小换流回路的包围面积，使本侧自感和互感相互抵消，可以减小开关电压尖峰。此外，减小两侧换流回路的重叠面积，可降低两侧通流回路的互感，这是共直流母线两级式直流变换器特有的叠层母排优化方式。

3.2.2 多母线电容并联模型

针对多母线电容并联的叠层母排开关瞬时电流分布情况，多母线电容并联叠层母排的耦合电感模型如图 3.5 所示，其中 L_{s5}、L_{s6} 代表开关管连接至母线电容 C_1 正点位端（P）的自感，L_{s7}、L_{s8} 代表开关管连接至母线电容 C_1 负点位端（N）的自感，M_{57}、M_{68} 代表叠层母排同层通流回路之间的互感，M_{56}、M_{58}、M_{67} 和 M_{78} 代表叠层母排异层通流回路之间的互感。

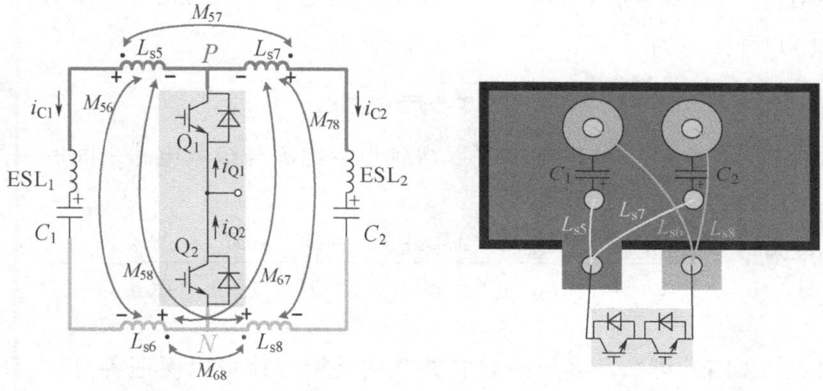

(a) 耦合电感电路模型　　(b) 叠层母排杂散电感示意图

图 3.5　多母线电容并联的叠层母排耦合电感模型

由于磁性器件具有续流能力，因此两级式直流变换器的输入电流 i_{in} 在通流回路切换过程中视为恒定，即 $\mathrm{d}i_{in}/\mathrm{d}t = 0$。由于 $\mathrm{d}i_{in}/\mathrm{d}t = \mathrm{d}i_{Q1}/\mathrm{d}t + \mathrm{d}i_{Q2}/\mathrm{d}t$，可以得到：

$$\frac{\mathrm{d}i_{Q1}}{\mathrm{d}t}=\frac{\mathrm{d}i_{Q2}}{\mathrm{d}t} \tag{3.9}$$

根据电路的基尔霍夫电流定律，可以得到：

$$\frac{\mathrm{d}i_{Q1}}{\mathrm{d}t}=\frac{\mathrm{d}i_{C1}}{\mathrm{d}t}+\frac{\mathrm{d}i_{C2}}{\mathrm{d}t} \tag{3.10}$$

由式（3.9）和式（3.10）可得，流过开关管和电容的电流满足：

$$\frac{\mathrm{d}i_{Q1}}{\mathrm{d}t}=\frac{\mathrm{d}i_{Q2}}{\mathrm{d}t}=\frac{\mathrm{d}i_{C1}}{\mathrm{d}t}+\frac{\mathrm{d}i_{C2}}{\mathrm{d}t} \tag{3.11}$$

因此，母排上电压、电流与杂散电感之间的关系可以表示为：

$$\begin{bmatrix} v_{s5} \\ v_{s6} \\ v_{s7} \\ v_{s8} \end{bmatrix} = \begin{bmatrix} L_{s5} + M_{56} & M_{57} + M_{58} \\ M_{65} + L_{s6} & M_{67} + M_{68} \\ M_{75} + M_{76} & L_{s7} + M_{78} \\ M_{85} + M_{86} & M_{87} + L_{s8} \end{bmatrix} \begin{bmatrix} \dfrac{di_{C1}}{dt} \\ \dfrac{di_{C2}}{dt} \end{bmatrix} \tag{3.12}$$

式中，v_{s5}、v_{s6}、v_{s7} 和 v_{s8} 分别代表叠层母排各个等效杂散电感两端的电压。

根据多电容叠层母排的电路连接，可以得到开关管电压的关系：

$$v_{Q1} + v_{Q3} = v_{C1} - v_{s5} - v_{s6} = v_{C2} - v_{s7} - v_{s8} \tag{3.13}$$

针对开关换流时间极短情况，并联电容的电压可视为相等，即 $v_{C1} = v_{C2}$，式（3.13）可化简为：

$$v_{s5} + v_{s6} = v_{s7} + v_{s8} \tag{3.14}$$

结合式（3.12）和式（3.14），可以得到电容电流与杂散电感之间的关系为：

$$\frac{\dfrac{di_{C1}}{dt}}{\dfrac{di_{C2}}{dt}} = \frac{L_{s5} + L_{s6} + 2\times M_{56} - M_{57} - M_{58} - M_{67} - M_{68}}{L_{s7} + L_{s8} + 2\times M_{78} - M_{57} - M_{58} - M_{67} - M_{68}} \tag{3.15}$$

由式（3.15）可知，多母线电容并联的叠层母排可以保证各自换流回路的自感和互感一致，使得瞬时电流分布均匀，增大中间母线的等效容值。

结合 ANSYS 仿真，对多个母线电容并联的叠层母排特性进行分析。ANSYS 母线电容仿真模型的主要参数如表 3.1 所示。电容本体连接点半径为 6mm，电容两引脚之间的距离为 30mm。在三电容器模型中，三个电容器均匀分布且间距 10mm；电容右边缘与母排右边缘之间的距离为 7mm。为了计算母线电容，设置求解器类型为静态磁场，而没有设置频率。母排材料为相对磁导率 0.999991 和电导率为 5.8×10^7 S/m 的铜。单个母线电容和三个母线电容的叠层母排顶层电流分布如图 3.6 所示。

表 3.1　母线电容仿真模型的主要参数

参数	值
母排长度	160mm
母排宽度	80mm
母排厚度	1mm
计算区域圆半径	140mm
母线电容半径	6mm

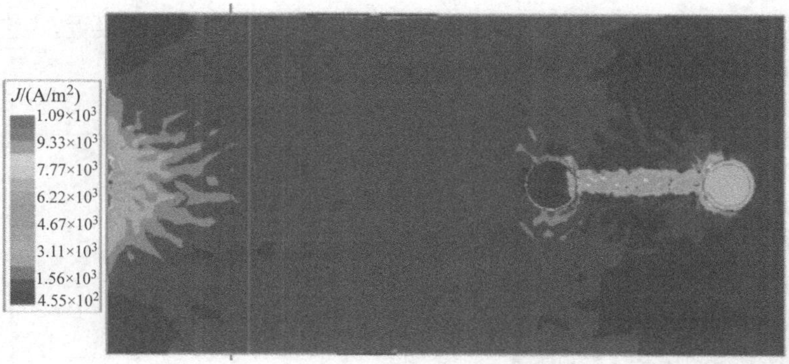

(a) 单个母线电容

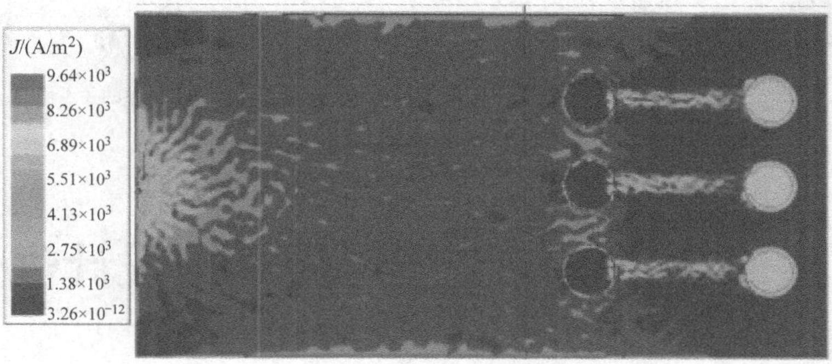

(b) 三个母线电容并联

彩图

图 3.6　母线电容数量对叠层母排电流分布影响

从图 3.6 可看出，三个电容并联的叠层母排在功率器件连接点的电流密度较小，且电流在整个叠层母排上分布更加均匀，各个电容支路的一致性较好。采用单个母线电容时，换流回路杂散电感约为 7.506nH；采用三个母线电容时，换流回路杂散电感约为 5.629nH，相比单电容结构，杂散电感降低 25%。因此，随着中间母线电容数量增加，换流回路杂散电感将降低，且各个电容支路的一致性更好。

3.2.3　连接点间距与杂散电感

使用 ANSYS 仿真中的 Q3D 模块分析叠层母排与开关管的两个连接点距离对杂散电感的影响，得到连接点间距与杂散电感值的关系曲线，如图 3.7 所示。可以看出，随着连接点距离增加，换流回路杂散电感值递增，在 55mm 处时，杂散电感约为 35nH，为连接点重合情况下的 4.67 倍。仿真结果符合杂散电感产生机理，连接点间距越大，换流回路围成的面积越大，杂散电感越大。在叠层母排结构设计时，叠层母排与外部器件的连接点距离应尽量接近，连接点位置重叠的结构最优。

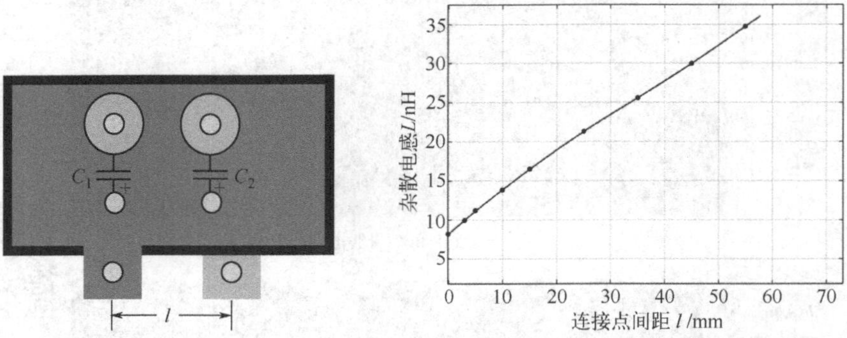

(a) 两个连接点的间距　　(b) 连接点间距与杂散电感的关系曲线

图 3.7　叠层母排杂散电感与连接点距离的关系

3.3　直流功率模块叠层母排结构设计优化

根据两级式直流变换器开关管电压应力与叠层母排杂散电感的理论分析，叠层母排结构设计时需重点考虑以下方面：

① 针对本侧换流回路的杂散电感，根据常规叠层母排的设计规则，需尽可能降低自感值，并减小电流回路周围的面积，使自感和互感相互抵消，抑制开关电压尖峰。

② 针对两级式电路的两侧换流回路，根据共直流母线两级式变流器独特的叠层母线优化方式，需尽可能减小两侧通流回路的重叠面积，降低两侧回路之间的耦合引起的杂散电感。

③ 综合考虑叠层母排长度和功率模块数量，尽量选择多个母线电容并联的叠层母排，降低换流回路杂散电感。

基于上述设计要点，设计叠层母排结构布局如图 3.8 所示，考虑如下特征：针对功率模块长度和电容直径的关系，选用三组电容并联的方案，以减小杂散电感；针对上母线电容和下母线电容，通过间隔排布实现各换流回路围成面积相对均衡；针对通流回路，通过两级式直流变换器两侧功率模块分开放置，以减小两侧通流回路的重叠面积，进而减小两侧通流回路之间的互感。此外，每个功率模块的两个连接点采用拐角连接方式，减小水平方向上连接点间距。

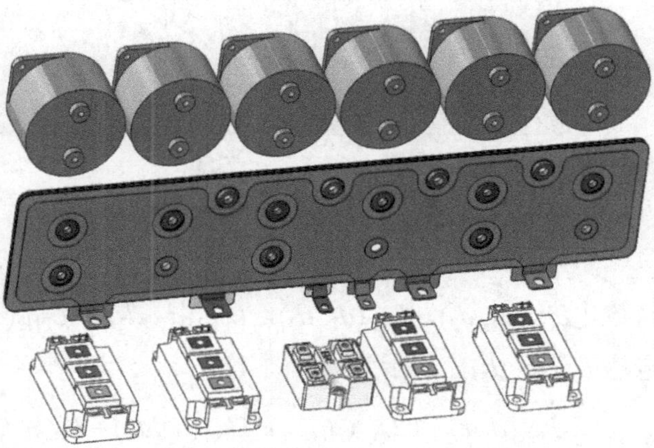

图 3.8 叠层母排的结构布局

两级式直流变换器叠层母排结构分层示意图如图 3.9 所示，包括三层电气层——负母线层 N、零母线层 O 和正母线层 P，依次对应图 3.1 电路中的各母线连接节点。

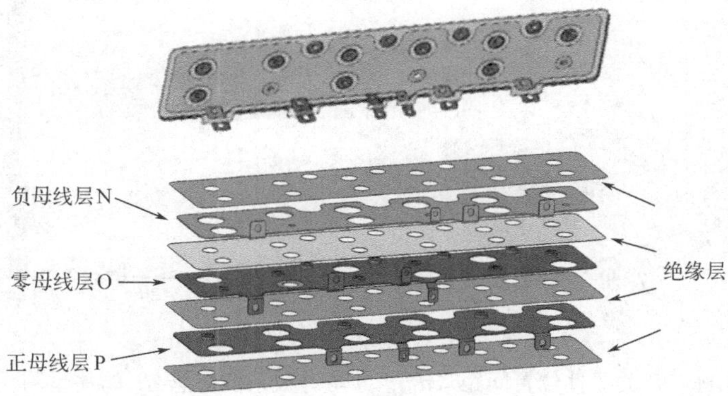

彩图

图 3.9 叠层母排分层示意图

换流回路中，叠层母排杂散电感受开关器件位置影响如图 3.10 所示。通过 Q3D 仿真软件，分析开关管位置间距 d_1 和 d_2 对回路杂散电感的影响。考虑开关器件布局界限，d_1 和 d_2 的可调范围小于 70mm，即 $0<d_1<70\text{mm}$，$0<d_2<70\text{mm}$，其中 L_{ON}、L_{PO}、L_{PN1} 和 L_{PN2} 分别为开关器件换流回路的杂散电感。

通过 Q3D 仿真，实现模块的参数化扫描，计算开关管不同间距 d_1 和 d_2 时，叠层母排杂散电感 L_{ON}、L_{PO}、L_{PN1} 和 L_{PN2} 的数值，即 $L_{ON}(d_1, d_2)$、$L_{PO}(d_1, d_2)$、$L_{PN1}(d_1, d_2)$和 $L_{PN2}(d_1, d_2)$为变量 d_1 和 d_2 的函数。结合 IGBT 的开关过程，在开通瞬态，电流上升时间可达 μs 级，设置仿真求解频率为 50kHz。

彩图

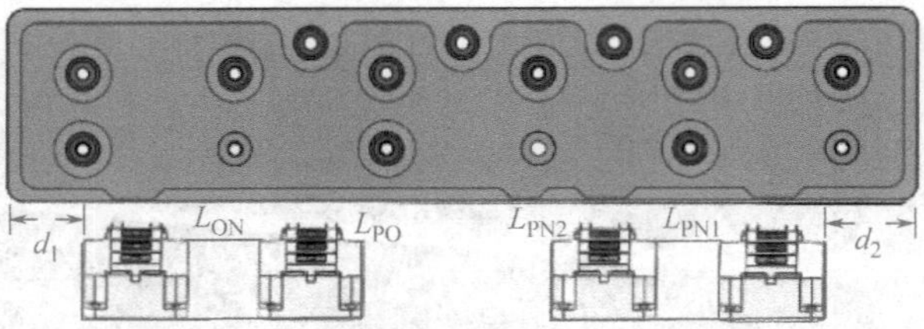

图 3.10　开关器件位置间距描述图

定义四个函数［$L_{\mathrm{ON}}(d_1, d_2)$，$L_{\mathrm{PO}}(d_1, d_2)$，$L_{\mathrm{PN1}}(d_1, d_2)$和 $L_{\mathrm{PN2}}(d_1, d_2)$］的平均值为等效杂散电感 $L_{\mathrm{eq}}(d_1, d_2)$，表示为：

$$L_{\mathrm{eq}}(d_1,d_2)=\frac{L_{\mathrm{PO}}(d_1,d_2)+L_{\mathrm{ON}}(d_1,d_2)+L_{\mathrm{PN1}}(d_1,d_2)+L_{\mathrm{PN2}}(d_1,d_2)}{4} \tag{3.16}$$

针对优化叠层母排杂散电感的目标，选取最优变量（d_1, d_2），使函数 $L_{\mathrm{eq}}(d_1, d_2)$达到最小值。根据式（3.16），结合通用插值算法，计算出开关管间距（d_1, d_2）与 L_{eq} 的关系，如图 3.11 所示。

彩图

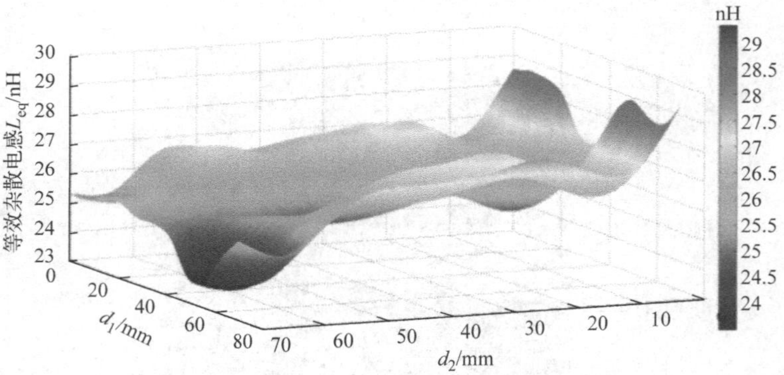

图 3.11　开关器件位置间距（d_1, d_2）与等效杂散电感 L_{eq} 的关系图

根据图 3.11，在规定的界限范围内，当间距（d_1, d_2）的值为（57mm, 65mm）时，等效杂散电感 L_{eq} 取得最小值为 23.56nH，与等效杂散电感 L_{eq} 最高值 29.3nH 相比，采用参数优化设计，杂散电感降低 19.6%。

针对小样本的优化设计，通过代理模型的智能优化算法，利用已有数据，提升理解和协助决策，在实际工程应用中提供更高求解精度。根据上述计算的 L_{eq} 数据样本，利用代理模型得到开关管间距（d_1, d_2）与 L_{eq} 的关系，如图 3.12 所示。分析结果，当间距（d_1, d_2）的值为（53.39mm, 66.6mm）时，等效杂散电感 L_{eq} 取得最小值为 23.41nH。通过代理模型得到的优化结果使 L_{eq} 进一步降低，与 29.3nH 相比，杂散电感降低了 20.1%。

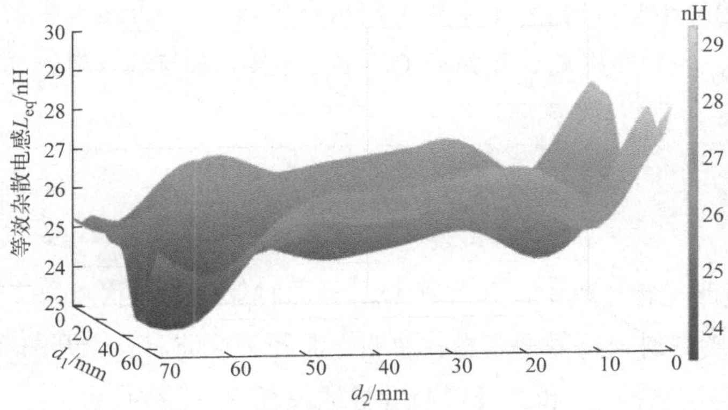

彩图

图 3.12 基于代理模型的等效杂散电感 L_{eq} 优化结果

参数优化后间距（d_1, d_2）为（53.39mm, 66.6mm），设计的功率模块叠层母排结构如图 3.13 所示。

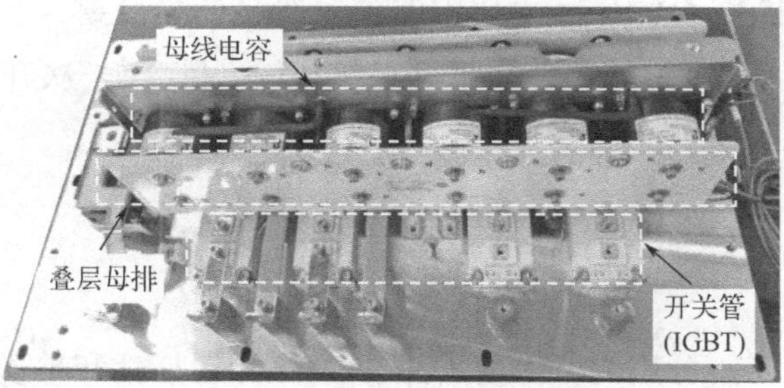

图 3.13 叠层母排实物图

3.4 变换器损耗模型与效率

建立高频隔离直流变换器损耗模型，对比分析集成式高频隔离直流变换器和传统高频隔离直流变换器的损耗分布和不同负载下的效率情况。

3.4.1 变换器损耗模型

集成式高频隔离直流变换器的损耗主要包括：Boost 变换器开关管和二极管的导通损耗与开关损耗、Boost 滤波电感损耗、LLC 变换器原边开关管的导通损耗和开关损耗、LLC 变换器副边二极管的导通损耗、LLC 变换器谐振电感损耗和 LLC 变换器变压器损耗。

三电平 Boost 变换器上、下半桥工作状态相同，举例分析上半桥开关管 Q_{b11} 和二极管 D_{b11} 的导通损耗。开关管 Q_{b11} 的占空比 d_1 与输入电压、输出电压的关系为：

$$d_1 = 1 - \frac{V_{in}}{V_o} \tag{3.17}$$

Boost 电路运行过程中，开关管 Q_{b11} 开通时保持导通状态，二极管 D_{b11} 在开关管 Q_{b11} 关断时保持导通状态。忽略电流开关纹波，一个开关周期 T_s 内，Boost 变换器开关管 Q_{b11} 和二极管 D_{b11} 导通损耗 P_{B_cond} 为：

$$P_{B\_cond} = \frac{1}{T_s}\left(\int_0^{d_1 T_s} v_{IGBT} i_{Lb}\,dt + \int_{d_1 T_s}^{T_s} v_{diode} i_{Lb}\,dt\right) \tag{3.18}$$

式中，i_{Lb} 为 Boost 电感电流；v_{IGBT} 和 v_{diode} 分别为开关管和二极管的管压降，根据 IGBT 模块 datasheet 手册中的关系曲线计算得到。

一个开关周期内，Boost 变换器开关管 Q_{b11} 只切换一次开关状态，则开关管 Q_{b11} 的开关损耗 P_{B_sw} 为：

$$P_{B\_sw} = \frac{1}{T_s}(E_{on} + E_{off}) \tag{3.19}$$

式中，E_{on} 和 E_{off} 分别为开关管 Q_{b11} 的单次开通损耗和单次关断损耗，根据 IGBT 模块 datasheet 手册中开关损耗与电流的关系曲线计算得到。

同样，Boost 变换器二极管 D_{b11} 的反向恢复损耗 P_{B_rr} 为：

$$P_{B\_rr} = \frac{1}{T_s} E_{rr} \tag{3.20}$$

式中，E_{rr} 为二极管 D_{b11} 的单次关断反向恢复损耗，根据 IGBT 模块 datasheet 手册中反向恢复损耗与电流的关系曲线计算得到。

滤波电感损耗 P_{B_L} 主要包括铜损和铁损（由变压器厂家具体给出）。

综上，三电平 Boost 变换器的总损耗表示为：

$$P_{Boost} = 2P_{B\_cond} + 2P_{B\_sw} + 2P_{B\_rr} + P_{B\_L} \tag{3.21}$$

而 LLC 变换器的损耗，主要包括原边开关管的导通损耗和开关损耗、副边二极管的导通损耗、谐振电感损耗和变压器损耗。

LLC 变换器工作在串联谐振频率点 f_r 附近，高频变压器副边电流可视为标准正弦波，表示为：

$$i_{\text{sec}}(t)=\frac{I_{\text{o}}\pi}{2}\sin(\omega_{\text{r}}t) \tag{3.22}$$

式中，I_o为LLC变换器直流输出电流；ω_r为串联谐振角频率，$\omega_r=2\pi f_r$。

变压器副边电流折算到变压器原边，叠加线性变化的励磁电流，推导得到变压器原边开关管电流为：

$$i_{\text{pri}}(t)=\begin{cases}\dfrac{I_{\text{o}}\pi}{2N}\sin(\omega_{\text{r}}t)-\dfrac{NV_{\text{o}}}{4L_{\text{m}}f_{\text{r}}}+\dfrac{NV_{\text{o}}}{L_{\text{m}}}t & 0\leqslant t\leqslant\dfrac{1}{2f_{\text{r}}}\\ \dfrac{I_{\text{o}}\pi}{2N}\sin(\omega_{\text{r}}t)+\dfrac{NV_{\text{o}}}{4L_{\text{m}}f_{\text{r}}}-\dfrac{NV_{\text{o}}}{L_{\text{m}}}t & \dfrac{1}{2f_{\text{r}}}\leqslant t\leqslant\dfrac{1}{f_{\text{r}}}\end{cases} \tag{3.23}$$

式中，N为变压器变比；L_m为LLC励磁电感；V_o为LLC输出电压。

LLC变换器原边开关管的导通损耗表示为：

$$P_{\text{cond\_pri}}=2f_{\text{s}}\int_0^{\frac{1}{2f_{\text{s}}}}v_{\text{IGBT}}\left|i_{\text{pri}}(t)\right|\text{d}t \tag{3.24}$$

式中，f_s为LLC变换器开关频率。

LLC变换器副边二极管实现零电流开关，仅考虑副边二极管导通损耗：

$$P_{\text{cond\_sec}}=4f_{\text{s}}\int_0^{\frac{1}{2f_{\text{s}}}}v_{\text{diode}}\left|i_{\text{sec}}(t)\right|\text{d}t \tag{3.25}$$

针对励磁电流，计算原边开关管的关断损耗为：

$$P_{\text{off\_pri}}=f_{\text{s}}E'_{\text{off}} \tag{3.26}$$

式中，E'_{off}为开关管的单次关断损耗。

针对上述分析，推导LLC变换器的损耗包括原边开关管的导通损耗P_{cond_pri}和关断损耗P_{off_pri}、副边二极管的导通损耗P_{cond_sec}、谐振电感损耗P_{Lr}和变压器损耗P_{tr}（由变压器厂家具体给出），则LLC变换器的总损耗为：

$$P_{\text{LLC}}=2P_{\text{cond\_pri}}+2P_{\text{off\_pri}}+P_{\text{cond\_sec}}+P_{\text{Lr}}+P_{\text{tr}} \tag{3.27}$$

3.4.2 变换器效率分析

相比于两电平Boost，相同开关频率下三电平Boost的等效开关显著增加。综合开关器件和滤波电感的损耗，在相同功率等级下，集成式高频隔离直流变换器与传统高频隔离直流变换器的主电路参数，如表3.2所示。

表 3.2　集成式与传统高频直流变换器主要参数

变换器	名称	参数（型号）
集成式拓扑	开关频率	4.5kHz
	Boost 开关器件	SKM400GAL125
	Boost 滤波电感	2.1mH
	LLC 励磁电感	225μH
	LLC 开关管	SKM400GB176D
	LLC 副边二极管	SKKD170F12
传统拓扑	开关频率	6kHz
	开关器件	FD300R17KE4P
	Boost 滤波电感	1.65mH
	LLC 励磁电感	450μH
	LLC 开关管	SKM400GB176D
	LLC 副边二极管	SKKD170F12

根据变换器损耗模型，对比分析集成式高频隔离直流变换器和传统高频隔离直流变换器的损耗分布，如图 3.14 所示。与传统高频隔离直流变换器相比，集成式高频隔离直流变换器的 LLC 原边开关损耗 P_{off_pri} 大幅减小，同时，因三电平 Boost 开关频率相比两电平 Boost 降低，所以 IGBT 开关损耗（P_{sw}）显著减小。同时，传统高频隔离直流变换器采用独立充电 DC/DC 变换器，损耗 P_{charge} 单独计算。

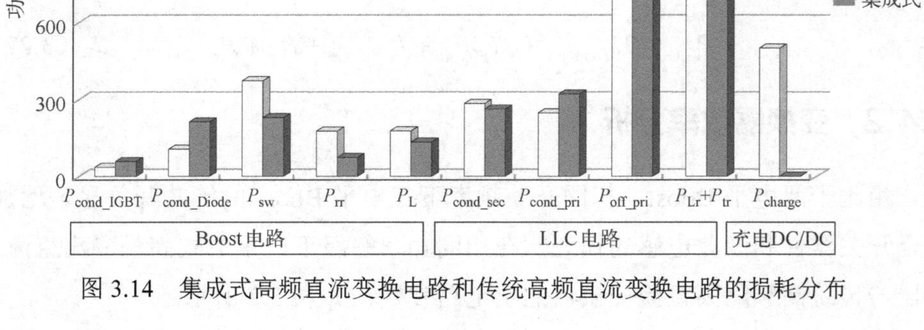

图 3.14　集成式高频直流变换电路和传统高频直流变换电路的损耗分布

不同负载条件下，集成式高频直流变换电路和传统高频直流变换电路的效率曲线如图 3.15 所示。传统高频隔离直流变换电路的满载效率为 94.8%，集成式高频隔离直流变换电路的满载效率达到 96.1%，效率提升 1.3%。分析可得，全负载范围内集成式高频直流变换电路的效率均优于传统高频隔离直流变换电路。

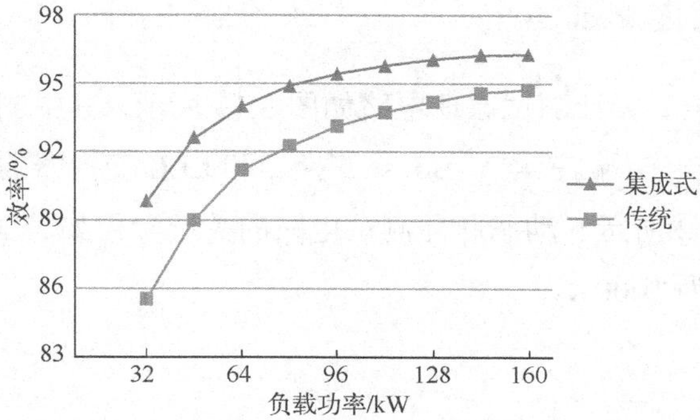

图 3.15 集成式高频直流变换电路和传统高频直流电路的效率曲线

3.5 实验结果

针对叠层母排结构优化分析，搭建母排动态测试平台，验证优化结构在降低回路杂散电感和电压尖峰方面的效果。

3.5.1 动态测试平台搭建

针对叠层母排在降低回路杂散电感和电压尖峰方面的效果，搭建叠层母排的动态脉冲测试平台如图 3.16 所示，测试对象包括两个三电平 Boost 电路、

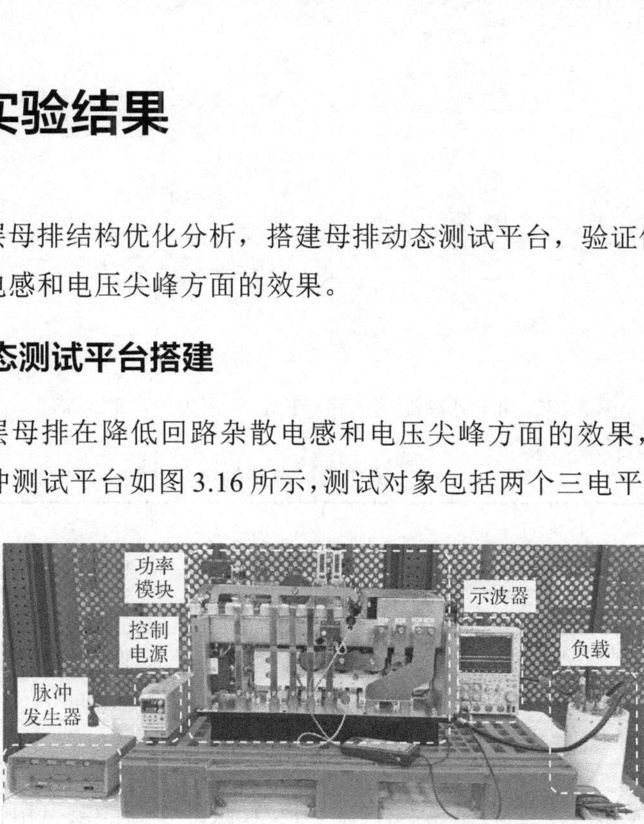

图 3.16 两级式 Boost-LLC 功率模块动态脉冲测试平台

LLC 半桥电路和与之相连的叠层母排。三电平 Boost 电路采用 SEMIKRON 公司的 SKM400GAL125 和 SKM400GAR125 功率模块，LLC 半桥电路采用 SKM400GB176D 功率模块；测试设备包括控制电源、脉冲发生器、示波器、负载和待测电源。根据上述模块搭建两级式直流功率模块脉冲测试平台。

3.5.2 动态特性测试

针对测试平台，设计测试原理电路如图 3.17 所示，其中测试高压电源接到母线电容 C_{b1} 和 C_{b2} 两端。三电平 Boost 变换器和 LLC 变换器的开关换流路径，如图 3.17 中①、②所示。动态脉冲测试电路的关键参数如表 3.3 所示，最大脉冲电流测试条件为 1000A。

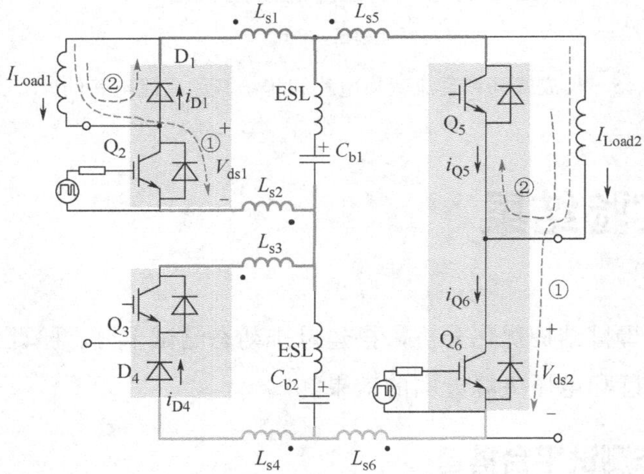

图 3.17 动态脉冲测试电路（ESL 表示等效串联电感）

表 3.3 动态脉冲测试电路的主要参数

名称	参数
半桥 D_1，Q_2	400A/1200V
半桥 Q_3，D_4	400A/1200V
半桥 Q_5，Q_6	400A/1700V
脉冲宽度时间	150μs
最大脉冲测试电流	1000A

Boost 变换器开关管的电压等级为 1200V，脉冲实验的测试电压选为 750V。图 3.18 为三电平 Boost 变换器的动态脉冲测试波形，开关关断电压尖峰为 886V，

开关器件两端的过冲电压为母线电压 V_{dc} 的 18.1%。LLC 功率模块开关器件的电压等级为 1700V，脉冲实验的测试电压选为 1000V。图 3.19 为 LLC 变换器的动态脉冲测试波形，开关管关断电压尖峰为 1240V，开关器件两端的过冲电压为母线电压 V_{dc} 的 24%，电压安全裕度为 27.1%。

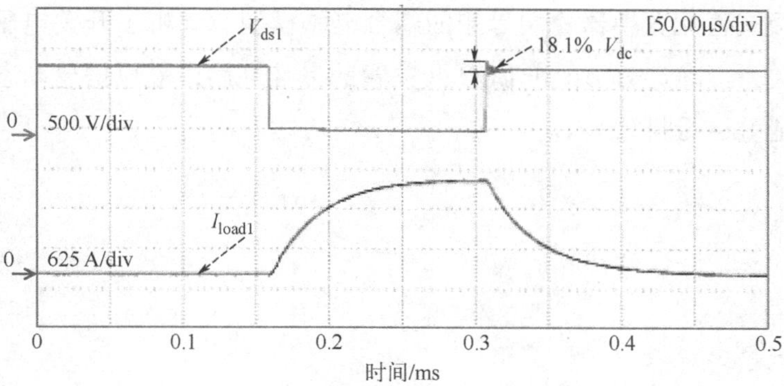

图 3.18 三电平 Boost 变换器的动态脉冲测试波形

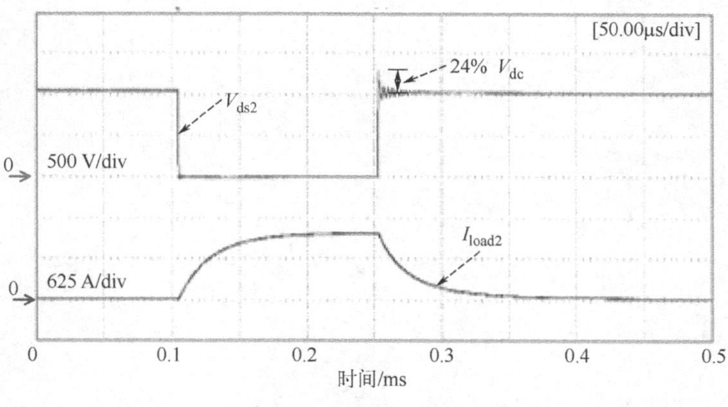

图 3.19 LLC 变换器的动态脉冲测试波形

从脉冲测试实验波形可以看出采用结构优化的叠层母排后，功率器件的开关振荡较小，电压尖峰较低，功率模块的三电平 Boost 变换器和 LLC 变换器都有足够的电压安全裕量，能有效降低杂散电感引起的器件损坏率，提高功率模块的安全性和可靠性，验证了低电感叠层母排对抑制回路杂散电感和器件电压尖峰的效果。

3.6 小结

本章首先针对两级式直流变换电路完成换流回路分析；然后针对轻量化电源建立两级式直流变换器叠层母排的耦合电感模型，分析了开关电压应力与杂散电感的关系，确定 Boost 和 LLC 开关管的最佳间距；最后搭建动态脉冲测试平台，验证叠层母排效果。

第 4 章 T 型三电平逆变器建模与控制

三电平拓扑因其优异的谐波和损耗性能成为研究热点。目前主流的三电平拓扑主要有级联型、飞跨电容型、中点钳位型，其中 T 型中点钳位三电平逆变拓扑具有器件少、拓扑简单稳定等优势，广泛应用于高压、大功率的场合，近年来在城轨辅助电源中也被尝试应用。本章首先分析 T 型三电平逆变器的运行模式，建立三电平逆变器的数学模型，采用重复控制器提高逆变器的非线性带载能力；然后利用虚拟阻抗和改进下垂控制策略，改善逆变器并联均衡效果；再分析 T 型三电平逆变器的损耗特性，仿真验证 T 型三电平逆变电路及其控制策略的有效性；最后，搭建实验平台，对 T 型三电平逆变器的输出电压效果和两台逆变器并联控制算法进行实验验证。

4.1 T 型三电平电路运行模式

传统高频辅助电源采用两电平三相四线制逆变电路，该电路存在开关频率谐波大、带不平衡负载能力弱等缺点，如图 4.1 所示。

针对两电平逆变电路的不足，采用 T 型三电平逆变电路，同时增加一个桥臂实现中点电压平衡控制，如图 4.2 所示。T 型三电平逆变电路由二极管钳位三电平电路发展而来，每一相由四个开关管组成，其中开关管 Q_{x1} 和 Q_{x4} 分别连接电压母线的正负两端，开关管 Q_{x2} 和 Q_{x3} 反向串联连接到母线电容中点 O，其中 x=a、b、c，该电路具有损耗低、效率高的特点。为提高电路的不平衡带载能力，增加第四桥臂（Q_{f1}、Q_{f4}）实现中点电压的精准控制。

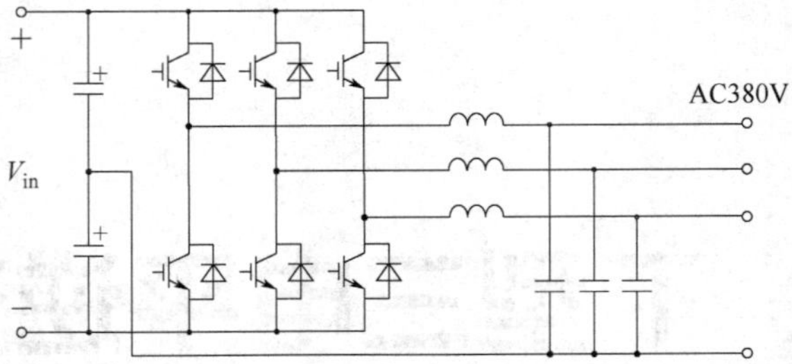

图 4.1　两电平三相四线制逆变电路

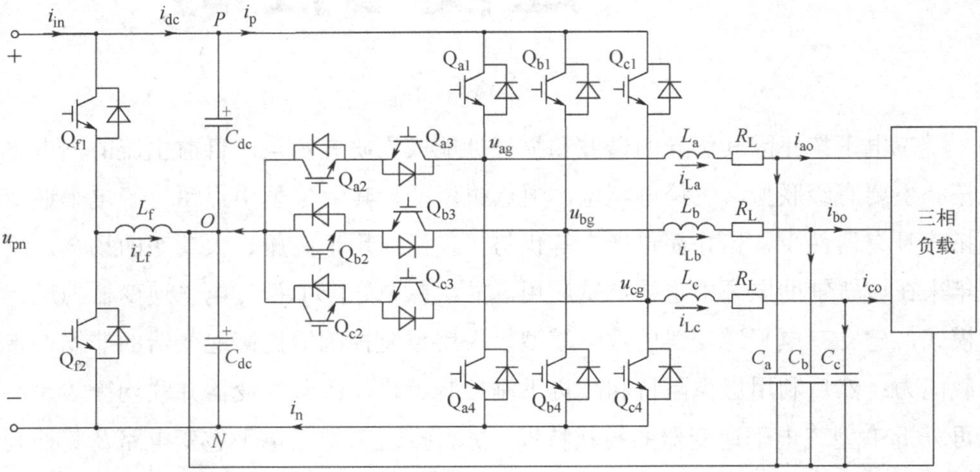

图 4.2　三相四线制 T 型三电平逆变电路拓扑结构

以A相为例进行电路工作模式分析，取母线电容中点 O 作为电压参考零点，根据 T 型电路特点，上下桥开关管 Q_{x1} 和 Q_{x4} 不能同时导通，开关管 Q_{x1}、Q_{x3} 以及 Q_{x4}、Q_{x2} 分别互补导通。因此，T 型三电平电路输出电压存在 $u_{pn}/2$、0、$-u_{pn}/2$ 三种电压值，分别对应 P、O、N 三种状态。定义电感电流从桥臂流出的方向为正，则有以下分析。

（1）当电流 $i_{La}>0$ 时

若 Q_{a1}、Q_{a2} 导通，Q_{a3}、Q_{a4} 关断，电流流经 Q_{a1}，A 相桥臂输出电压为 P 状态，如图 4.3（a）所示；

若 Q_{a2}、Q_{a3} 导通，Q_{a1}、Q_{a4} 关断，电流流经 Q_{a3} 的反并联二极管和 Q_{a2}，A

相桥臂输出电压为O状态，如图4.3（b）所示；

若Q_{a3}、Q_{a4}导通，Q_{a1}、Q_{a2}关断，电流流经Q_{a4}的反并联二极管，A相桥臂输出电压为N状态，如图4.3（c）所示。

（2）当电流$i_{La}<0$时

若Q_{a1}、Q_{a2}导通，Q_{a3}、Q_{a4}关断，电流流经Q_{a1}的反并联二极管，A相桥臂输出电压为P状态，如图4.3（d）所示；

若Q_{a2}、Q_{a3}导通，Q_{a1}、Q_{a4}关断，电流流经Q_{a2}的反并联二极管和Q_{a3}，A相桥臂输出电压为O状态，如图4.3（e）所示；

若Q_{a3}、Q_{a4}导通，Q_{a1}、Q_{a2}关断，电流流经Q_{a4}，A相桥臂输出电压为N状态，如图4.3（f）所示。

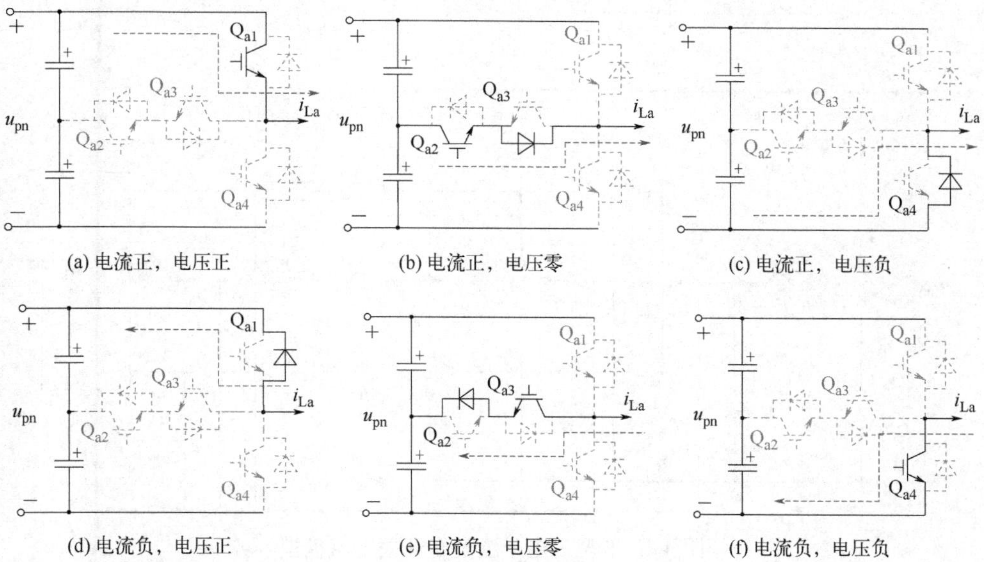

图4.3　T型三电平逆变器工作模式

上述分析可得桥臂输出电压与各开关管开关状态关系，令开关管导通记为1，开关管关断记为0，则A相开关状态真值表如表4.1所示。

表4.1　A相开关状态真值表

Q_{a1}	Q_{a2}	Q_{a3}	Q_{a4}	开关状态	输出电压
1	1	0	0	P	$u_{pn}/2$
0	1	1	0	O	0
0	0	1	1	N	$-u_{pn}/2$

4.2 T 型三电平逆变器建模与控制

4.2.1 三电平逆变器大信号模型

T 型三电平逆变器的开关电路模型如图 4.4 所示，S_{ap}、S_{bp}、S_{cp} 分别表示上母线 P 点连接 a、b、c 相桥臂的状态，S_{ao}、S_{bo}、S_{co} 分别表示母线中点 O 连接 a、b、c 相桥臂的状态，S_{an}、S_{bn}、S_{cn} 分别表示下母线 N 点连接 a、b、c 相桥臂的状态。定义开关函数为：

$$S_{xy}=\begin{cases}1 & 导通\\ 0 & 关断\end{cases} \qquad x\in\{a,b,c\},\ y\in\{p,o,n\} \tag{4.1}$$

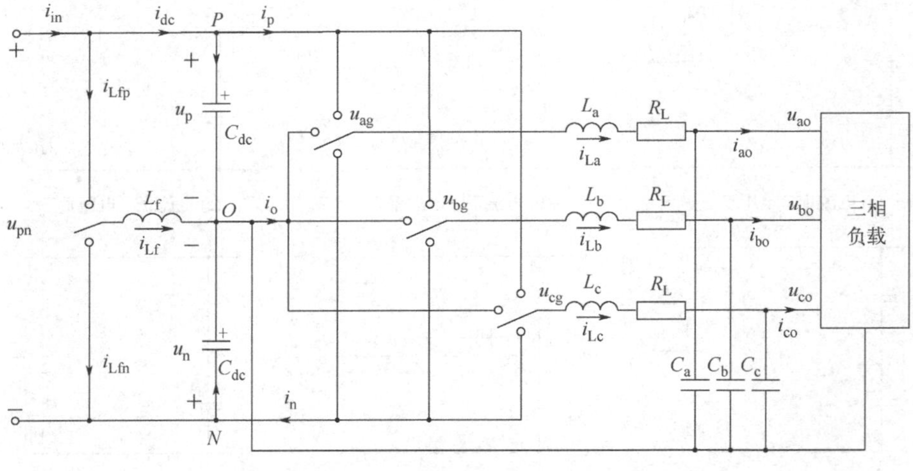

图 4.4 T 型三电平逆变器开关电路模型

假定开关管均为理想开关器件，任意时刻，每相桥臂只有一种开关输出状态，满足如下约束条件：

$$S_{kp}+S_{ko}+S_{kn}=1 \qquad k\in\{a,b,c\} \tag{4.2}$$

定义直流侧上、下电容电压 u_p、u_n，以及 P、N 点电压的误差 Δu_{pn}，可以得到：

$$\begin{cases}u_p=\dfrac{u_{pn}}{2}+\Delta u_{pn}\\[2ex] u_n=-\dfrac{u_{pn}}{2}+\Delta u_{pn}\end{cases} \tag{4.3}$$

三相桥臂输出相电压（u_{ag}，u_{bg}，u_{cg}）表达式为：

$$\begin{bmatrix} u_{ag} \\ u_{bg} \\ u_{cg} \end{bmatrix} = \begin{bmatrix} S_{ap} & S_{an} \\ S_{bp} & S_{bn} \\ S_{cp} & S_{cn} \end{bmatrix} \begin{bmatrix} u_p \\ u_n \end{bmatrix} \tag{4.4}$$

结合式（4.3）和式（4.4），三相桥臂输出相电压 $\boldsymbol{u}_g$ 可表示为：

$$\boldsymbol{u}_g = \begin{bmatrix} S_{ap} - S_{an} \\ S_{bp} - S_{bn} \\ S_{cp} - S_{cn} \end{bmatrix} \times \frac{u_{pn}}{2} + \begin{bmatrix} S_{ap} + S_{an} \\ S_{bp} + S_{bn} \\ S_{cp} + S_{cn} \end{bmatrix} \Delta u_{pn} \tag{4.5}$$

式中，$\boldsymbol{u}_g = [u_{ag} \quad u_{bg} \quad u_{cg}]^T$。

（1）直流侧模型分析

选取直流侧上下电容电压 u_p、u_n 以及第四桥臂电感电流 i_{Lf} 为状态变量，得到直流侧电压、电流关系式：

$$\begin{cases} C_{dc}\dfrac{du_p}{dt} = i_{in} - i_{Lfp} - i_p \\ C_{dc}\dfrac{du_n}{dt} = -i_{in} + i_n + i_{Lfn} \\ L_f\dfrac{di_{Lf}}{dt} = S_p u_p + (1 - S_p)u_n \end{cases} \tag{4.6}$$

式中，S_p 为第四桥臂开关管 Q_{f1} 的开关函数；i_{Lfp}、i_{Lfn} 分别为流过第四桥臂开关管 Q_{f1} 和 Q_{f2} 的电流。

由图 4.4 电路关系，可以得到直流侧电流关系表达式：

$$i_p - i_n = \begin{bmatrix} S_{ap} - S_{an} \\ S_{bp} - S_{bn} \\ S_{cp} - S_{cn} \end{bmatrix}^T \bullet \boldsymbol{i}_L \tag{4.7}$$

$$i_{Lf} = i_{Lfp} - i_{Lfn} \tag{4.8}$$

$$2C_{dc}\frac{d\Delta u_{pn}}{dt} = C_{dc}\frac{du_p}{dt} + C_{dc}\frac{du_n}{dt} = \boldsymbol{i}_o - i_{Lf} - \boldsymbol{i}_N \tag{4.9}$$

式中，$\boldsymbol{i}_L = \begin{bmatrix} i_{La} \\ i_{Lb} \\ i_{Lc} \end{bmatrix}$；$\boldsymbol{i}_o = \begin{bmatrix} S_{ao} \\ S_{bo} \\ S_{co} \end{bmatrix}^T \bullet \boldsymbol{i}_L$；$\boldsymbol{i}_N = \begin{bmatrix} 1 \\ 1 \\ 1 \end{bmatrix}^T \bullet \boldsymbol{i}_L$。

结合式（4.6）～式（4.9），推导直流侧状态方程：

$$\begin{cases}\dfrac{\mathrm{d}u_{\mathrm{pn}}}{\mathrm{d}t}=\dfrac{2}{C_{\mathrm{dc}}}i_{\mathrm{in}}-\dfrac{2}{C_{\mathrm{dc}}}i_{\mathrm{Lf}}\left(S_{\mathrm{p}}-\dfrac{1}{2}\right)+\dfrac{1}{C_{\mathrm{dc}}}\begin{bmatrix}S_{\mathrm{ao}}\\S_{\mathrm{bo}}\\S_{\mathrm{co}}\end{bmatrix}^{\mathrm{T}}\bullet\boldsymbol{i}_{\mathrm{L}}\\ \dfrac{\mathrm{d}\Delta u_{\mathrm{pn}}}{\mathrm{d}t}=\dfrac{1}{2C_{\mathrm{dc}}}\begin{bmatrix}S_{\mathrm{ao}}\\S_{\mathrm{bo}}\\S_{\mathrm{co}}\end{bmatrix}^{\mathrm{T}}\bullet\boldsymbol{i}_{\mathrm{L}}-\dfrac{1}{2C_{\mathrm{dc}}}i_{\mathrm{Lf}}-\dfrac{1}{2C_{\mathrm{dc}}}\begin{bmatrix}1\\1\\1\end{bmatrix}^{\mathrm{T}}\bullet\boldsymbol{i}_{\mathrm{L}}\\ \dfrac{\mathrm{d}i_{\mathrm{Lf}}}{\mathrm{d}t}=\dfrac{1}{L_{\mathrm{f}}}\left(S_{\mathrm{p}}-\dfrac{1}{2}\right)u_{\mathrm{pn}}+\dfrac{1}{L_{\mathrm{f}}}\Delta u_{\mathrm{pn}}\end{cases}\tag{4.10}$$

（2）交流侧模型分析

选取交流侧三相电感电流 $\boldsymbol{i}_{\mathrm{L}}$、三相滤波电容电压 $\boldsymbol{u}_{\mathrm{o}}$ 作为状态变量，可以得到：

$$\begin{cases}L\dfrac{\mathrm{d}\boldsymbol{i}_{\mathrm{L}}}{\mathrm{d}t}=\boldsymbol{u}_{\mathrm{g}}-R_{\mathrm{L}}\boldsymbol{i}_{\mathrm{L}}-\boldsymbol{u}_{\mathrm{o}}\\ C\dfrac{\mathrm{d}\boldsymbol{u}_{\mathrm{o}}}{\mathrm{d}t}=\boldsymbol{i}_{\mathrm{L}}-\boldsymbol{i}_{\mathrm{o}}\end{cases}\tag{4.11}$$

式中，$\boldsymbol{u}_{\mathrm{o}}=\begin{bmatrix}u_{\mathrm{ao}}\\u_{\mathrm{bo}}\\u_{\mathrm{co}}\end{bmatrix}$；$\boldsymbol{i}_{\mathrm{o}}=\begin{bmatrix}i_{\mathrm{ao}}\\i_{\mathrm{bo}}\\i_{\mathrm{co}}\end{bmatrix}$；$L=L_{\mathrm{a}}=L_{\mathrm{b}}=L_{\mathrm{c}}$；$C=C_{\mathrm{a}}=C_{\mathrm{b}}=C_{\mathrm{c}}$。

结合式（4.5）和式（4.11），推导交流侧状态方程：

$$\begin{cases}\dfrac{\mathrm{d}\boldsymbol{i}_{\mathrm{L}}}{\mathrm{d}t}=\dfrac{1}{L}\begin{bmatrix}S_{\mathrm{ap}}-S_{\mathrm{an}}\\S_{\mathrm{bp}}-S_{\mathrm{bn}}\\S_{\mathrm{cp}}-S_{\mathrm{cn}}\end{bmatrix}\times\dfrac{u_{\mathrm{pn}}}{2}+\dfrac{1}{L}\begin{bmatrix}S_{\mathrm{ap}}+S_{\mathrm{an}}\\S_{\mathrm{bp}}+S_{\mathrm{bn}}\\S_{\mathrm{cp}}+S_{\mathrm{cn}}\end{bmatrix}\Delta u_{\mathrm{pn}}-\dfrac{R_{\mathrm{L}}}{L}\boldsymbol{i}_{\mathrm{L}}-\dfrac{1}{L}\boldsymbol{u}_{\mathrm{o}}\\ C\dfrac{\mathrm{d}\boldsymbol{u}_{\mathrm{o}}}{\mathrm{d}t}=\boldsymbol{i}_{\mathrm{L}}-\boldsymbol{i}_{\mathrm{o}}\end{cases}\tag{4.12}$$

根据开关周期平均法，采用占空比 d_{ij} 和 d_{p} 表示开关函数，其中：i=a、b、c；j=p、o、n。在一个开关周期内有 $d_{i\mathrm{p}}+d_{i\mathrm{o}}+d_{i\mathrm{n}}=1$，将一个开关周期内变量 X 的平均值用 $\langle X\rangle$ 表示，则由式（4.10）和式（4.12），可推得式（4.13）方程，即系统平均大信号模型状态方程：

$$
\begin{cases}
\dfrac{\mathrm{d}\langle \boldsymbol{i}_{\mathrm{L}}\rangle}{\mathrm{d}t}=\dfrac{1}{L}\begin{bmatrix}2d_{\mathrm{ap}}+d_{\mathrm{ao}}-1\\2d_{\mathrm{bp}}+d_{\mathrm{bo}}-1\\2d_{\mathrm{cp}}+d_{\mathrm{co}}-1\end{bmatrix}\times\dfrac{\langle u_{\mathrm{pn}}\rangle}{2}+\dfrac{1}{L}\begin{bmatrix}1-d_{\mathrm{ao}}\\1-d_{\mathrm{bo}}\\1-d_{\mathrm{co}}\end{bmatrix}\langle \Delta u_{\mathrm{pn}}\rangle-\dfrac{R_{\mathrm{L}}}{L}\langle \boldsymbol{i}_{\mathrm{L}}\rangle-\dfrac{1}{L}\langle \boldsymbol{u}_{\mathrm{o}}\rangle \\
\dfrac{\mathrm{d}\langle \boldsymbol{u}_{\mathrm{o}}\rangle}{\mathrm{d}t}=\dfrac{1}{C}\langle \boldsymbol{i}_{\mathrm{L}}\rangle-\dfrac{1}{C}\langle \boldsymbol{i}_{\mathrm{o}}\rangle \\
\dfrac{\mathrm{d}\langle \Delta u_{\mathrm{pn}}\rangle}{\mathrm{d}t}=\dfrac{1}{2C_{\mathrm{dc}}}\begin{bmatrix}d_{\mathrm{ao}}-1\\d_{\mathrm{bo}}-1\\d_{\mathrm{co}}-1\end{bmatrix}^{\mathrm{T}}\bullet\langle \boldsymbol{i}_{\mathrm{L}}\rangle-\dfrac{1}{2C_{\mathrm{dc}}}\langle i_{\mathrm{Lf}}\rangle \\
\dfrac{\mathrm{d}\langle u_{\mathrm{pn}}\rangle}{\mathrm{d}t}=\dfrac{2}{C_{\mathrm{dc}}}\langle i_{\mathrm{in}}\rangle-\dfrac{2}{C_{\mathrm{dc}}}\langle i_{\mathrm{Lf}}\rangle\left(d_{\mathrm{p}}-\dfrac{1}{2}\right)+\dfrac{1}{C_{\mathrm{dc}}}\begin{bmatrix}d_{\mathrm{ao}}\\d_{\mathrm{bo}}\\d_{\mathrm{co}}\end{bmatrix}^{\mathrm{T}}\bullet\langle \boldsymbol{i}_{\mathrm{L}}\rangle \\
\dfrac{\mathrm{d}\langle i_{\mathrm{Lf}}\rangle}{\mathrm{d}t}=\dfrac{1}{L_{\mathrm{f}}}\left(d_{\mathrm{p}}-\dfrac{1}{2}\right)\langle u_{\mathrm{pn}}\rangle+\dfrac{1}{L_{\mathrm{f}}}\langle \Delta u_{\mathrm{pn}}\rangle
\end{cases}
\tag{4.13}
$$

式中，〈〉表示变量的开关周期平均值算子符号。

根据大信号模型状态方程式（4.13），可得 *abc* 坐标系下系统平均大信号模型等效电路图，如图 4.5 所示。

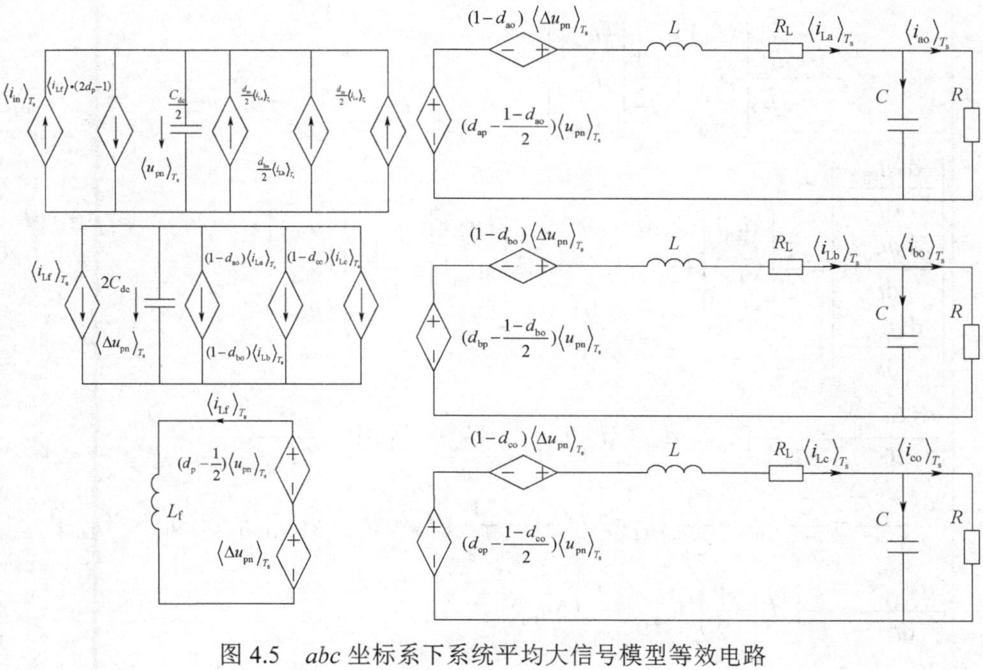

图 4.5　*abc* 坐标系下系统平均大信号模型等效电路

根据坐标变换理论，abc 到 $dq0$ 坐标系的坐标变换公式为：

$$\begin{bmatrix} x_d \\ x_q \\ x_0 \end{bmatrix} = \boldsymbol{T}_{abc/dq0} \cdot \begin{bmatrix} x_a \\ x_b \\ x_c \end{bmatrix} \tag{4.14}$$

式中，坐标变换矩阵 $\boldsymbol{T}_{abc/dq0}$ 为：

$$\boldsymbol{T}_{abc/dq0} = \sqrt{\frac{2}{3}} \begin{bmatrix} \cos(\omega t) & \cos(\omega t - 2\pi/3) & \cos(\omega t + 2\pi/3) \\ -\sin(\omega t) & -\sin(\omega t - 2\pi/3) & -\sin(\omega t + 2\pi/3) \\ 1/\sqrt{2} & 1/\sqrt{2} & 1/\sqrt{2} \end{bmatrix} \tag{4.15}$$

针对式（4.13）完成 abc 到 $dq0$ 坐标系的旋转坐标变换，可以得到 $dq0$ 坐标系下 T 型三电平逆变器的平均大信号模型状态方程：

$$\begin{cases} \begin{bmatrix} \dfrac{d\langle i_{Ld} \rangle}{dt} \\ \dfrac{d\langle i_{Lq} \rangle}{dt} \\ \dfrac{d\langle i_{L0} \rangle}{dt} \end{bmatrix} = \dfrac{1}{L} \begin{bmatrix} 2d_{pd} + d_{od} \\ 2d_{pq} + d_{oq} \\ 2d_{p0} + d_{o0} \end{bmatrix} \times \dfrac{\langle u_{pn} \rangle}{2} + \dfrac{1}{L} \begin{bmatrix} d_{od} \\ d_{oq} \\ d_{o0} \end{bmatrix} \langle \Delta u_{pn} \rangle + \begin{bmatrix} 0 & \omega & 0 \\ -\omega & 0 & 0 \\ 0 & 0 & 0 \end{bmatrix} \cdot \begin{bmatrix} \langle i_{Ld} \rangle \\ \langle i_{Lq} \rangle \\ \langle i_{L0} \rangle \end{bmatrix} \\ \qquad - \dfrac{R_L}{L} \begin{bmatrix} \langle i_{Ld} \rangle \\ \langle i_{Lq} \rangle \\ \langle i_{L0} \rangle \end{bmatrix} - \dfrac{1}{L} \begin{bmatrix} \langle u_{od} \rangle \\ \langle u_{oq} \rangle \\ \langle u_{o0} \rangle \end{bmatrix} \\ \begin{bmatrix} \dfrac{d\langle u_{od} \rangle}{dt} \\ \dfrac{d\langle u_{oq} \rangle}{dt} \\ \dfrac{d\langle u_{o0} \rangle}{dt} \end{bmatrix} = \dfrac{1}{C} \begin{bmatrix} \langle i_{Ld} \rangle \\ \langle i_{Lq} \rangle \\ \langle i_{L0} \rangle \end{bmatrix} + \begin{bmatrix} 0 & \omega & 0 \\ -\omega & 0 & 0 \\ 0 & 0 & 0 \end{bmatrix} \cdot \begin{bmatrix} \langle u_{od} \rangle \\ \langle u_{oq} \rangle \\ \langle u_{o0} \rangle \end{bmatrix} - \dfrac{1}{CR_L} \begin{bmatrix} \langle u_{od} \rangle \\ \langle u_{oq} \rangle \\ \langle u_{o0} \rangle \end{bmatrix} \\ \dfrac{d\langle \Delta u_{pn} \rangle}{dt} = \dfrac{1}{2C_{dc}} [d_{od} \quad d_{oq} \quad d_{o0}][\langle i_{Ld} \rangle \quad \langle i_{Lq} \rangle \quad \langle i_{L0} \rangle]^T - \dfrac{1}{2C_{dc}} \langle i_{Lf} \rangle \\ \dfrac{d\langle u_{pn} \rangle}{dt} = \dfrac{2}{C_{dc}} \langle i_{in} \rangle - \dfrac{2}{C_{dc}} \langle i_{Lf} \rangle (2d_p - 1) + \dfrac{1}{C_{dc}} [d_{od} \quad d_{oq} \quad d_{o0}][\langle i_{Ld} \rangle \quad \langle i_{Lq} \rangle \quad \langle i_{L0} \rangle]^T \\ \dfrac{d\langle i_{Lf} \rangle}{dt} = \dfrac{1}{L_f} \left(d_p - \dfrac{1}{2} \right) \langle u_{pn} \rangle + \dfrac{1}{L_f} \langle \Delta u_{pn} \rangle \end{cases} \tag{4.16}$$

4.2.2 三电平逆变器小信号模型

在 $dq0$ 旋转坐标系下，采用小信号扰动法，推导在逆变器稳态工作点的小信号线性化动态模型。令逆变器开关平均大信号模型中的状态变量 $\langle x_i\rangle = X_i + \hat{x}_i$，$i\in\{d,q,0\}$，式中，$X_i$ 和 $\hat{x}_i$ 分别表示变量的直流稳态工作点和小扰动信号。

根据式（4.16）的大信号模型状态方程，代入各变量的扰动量，并消去直流分量和忽略高阶项，化简可以得到系统的小信号交流模型状态方程：

$$
\left\{\begin{aligned}
&\begin{bmatrix}\dot{\hat{i}}_{\mathrm{Ld}}\\ \dot{\hat{i}}_{\mathrm{Lq}}\\ \dot{\hat{i}}_{\mathrm{L0}}\end{bmatrix}=\frac{1}{L}\begin{bmatrix}2D_{\mathrm{pd}}+D_{\mathrm{od}}\\ 2D_{\mathrm{pq}}+D_{\mathrm{oq}}\\ 2D_{\mathrm{p0}}+D_{\mathrm{o0}}\end{bmatrix}\times\frac{\hat{u}_{\mathrm{pn}}}{2}+\frac{1}{L}\begin{bmatrix}2\hat{d}_{\mathrm{pd}}+\hat{d}_{\mathrm{od}}\\ 2\hat{d}_{\mathrm{pq}}+\hat{d}_{\mathrm{oq}}\\ 2\hat{d}_{\mathrm{p0}}+\hat{d}_{\mathrm{o0}}\end{bmatrix}\times\frac{U_{\mathrm{pn}}}{2}+\frac{1}{L}\begin{bmatrix}D_{\mathrm{od}}\\ D_{\mathrm{oq}}\\ D_{\mathrm{o0}}\end{bmatrix}\Delta\hat{u}_{\mathrm{pn}}+\frac{1}{L}\begin{bmatrix}\hat{d}_{\mathrm{od}}\\ \hat{d}_{\mathrm{oq}}\\ \hat{d}_{\mathrm{o0}}\end{bmatrix}\Delta U_{\mathrm{pn}}\\
&\qquad+\begin{bmatrix}0&\omega&0\\ -\omega&0&0\\ 0&0&0\end{bmatrix}\cdot\begin{bmatrix}\hat{i}_{\mathrm{Ld}}\\ \hat{i}_{\mathrm{Lq}}\\ \hat{i}_{\mathrm{L0}}\end{bmatrix}-\frac{R_{\mathrm{L}}}{L}\begin{bmatrix}\hat{i}_{\mathrm{Ld}}\\ \hat{i}_{\mathrm{Lq}}\\ \hat{i}_{\mathrm{L0}}\end{bmatrix}-\frac{1}{L}\begin{bmatrix}\hat{u}_{\mathrm{od}}\\ \hat{u}_{\mathrm{oq}}\\ \hat{u}_{\mathrm{o0}}\end{bmatrix}\\
&\begin{bmatrix}\dot{\hat{u}}_{\mathrm{od}}\\ \dot{\hat{u}}_{\mathrm{oq}}\\ \dot{\hat{u}}_{\mathrm{o0}}\end{bmatrix}=\frac{1}{C}\begin{bmatrix}\hat{i}_{\mathrm{Ld}}\\ \hat{i}_{\mathrm{Lq}}\\ \hat{i}_{\mathrm{L0}}\end{bmatrix}+\begin{bmatrix}0&\omega&0\\ -\omega&0&0\\ 0&0&0\end{bmatrix}\cdot\begin{bmatrix}\hat{u}_{\mathrm{od}}\\ \hat{u}_{\mathrm{oq}}\\ \hat{u}_{\mathrm{o0}}\end{bmatrix}-\frac{1}{CR}\begin{bmatrix}\hat{u}_{\mathrm{od}}\\ \hat{u}_{\mathrm{oq}}\\ \hat{u}_{\mathrm{o0}}\end{bmatrix}\\
&\Delta\dot{\hat{u}}_{\mathrm{pn}}=\frac{1}{2C_{\mathrm{dc}}}\begin{bmatrix}D_{\mathrm{od}}\\ D_{\mathrm{oq}}\\ D_{\mathrm{o0}}\end{bmatrix}^{\mathrm{T}}\cdot\begin{bmatrix}\hat{i}_{\mathrm{Ld}}\\ \hat{i}_{\mathrm{Lq}}\\ \hat{i}_{\mathrm{L0}}\end{bmatrix}+\frac{1}{2C_{\mathrm{dc}}}\begin{bmatrix}\hat{d}_{\mathrm{od}}\\ \hat{d}_{\mathrm{oq}}\\ \hat{d}_{\mathrm{o0}}\end{bmatrix}^{\mathrm{T}}\cdot\begin{bmatrix}I_{\mathrm{Ld}}\\ I_{\mathrm{Lq}}\\ I_{\mathrm{L0}}\end{bmatrix}-\frac{1}{2C_{\mathrm{dc}}}\hat{i}_{\mathrm{Lf}}\\
&\dot{\hat{u}}_{\mathrm{pn}}=\frac{2}{C_{\mathrm{dc}}}\hat{i}_{\mathrm{in}}-\frac{2}{C_{\mathrm{dc}}}\hat{i}_{\mathrm{Lf}}(2D_{\mathrm{p}}-1)-\frac{2}{C_{\mathrm{dc}}}I_{\mathrm{Lf}}(2\hat{d}_{\mathrm{p}}-1)-\frac{1}{C_{\mathrm{dc}}}\begin{bmatrix}D_{\mathrm{od}}\\ D_{\mathrm{oq}}\\ D_{\mathrm{o0}}\end{bmatrix}^{\mathrm{T}}\cdot\begin{bmatrix}\hat{i}_{\mathrm{Ld}}\\ \hat{i}_{\mathrm{Lq}}\\ \hat{i}_{\mathrm{L0}}\end{bmatrix}-\frac{1}{C_{\mathrm{dc}}}\begin{bmatrix}2\hat{d}_{\mathrm{pd}}+\hat{d}_{\mathrm{od}}\\ 2\hat{d}_{\mathrm{pq}}+\hat{d}_{\mathrm{oq}}\\ 2\hat{d}_{\mathrm{p0}}+\hat{d}_{\mathrm{o0}}\end{bmatrix}^{\mathrm{T}}\cdot\begin{bmatrix}I_{\mathrm{Ld}}\\ I_{\mathrm{Lq}}\\ I_{\mathrm{L0}}\end{bmatrix}\\
&\dot{\hat{i}}_{\mathrm{Lf}}=\frac{1}{L_{\mathrm{f}}}(D_{\mathrm{p}}-\frac{1}{2})\hat{u}_{\mathrm{pn}}+\frac{1}{L_{\mathrm{f}}}\left(\hat{d}_{\mathrm{p}}-\frac{1}{2}\right)U_{\mathrm{pn}}+\frac{1}{L_{\mathrm{f}}}\Delta\hat{u}_{\mathrm{pn}}
\end{aligned}\right.\tag{4.17}
$$

状态方程中，直流稳态工作点分别为：电感电流 I_{Ld}、I_{Lq}、I_{L0}，输出电压 U_{od}、U_{oq}、U_{o0}，三相桥占空比 D_{pd}、D_{pq}、D_{p0} 和 D_{od}、D_{oq}、D_{o0}，第四桥占空比 D_{p}，直流母线电压 U_{pn}，电压差 ΔU_{pn}，第四桥电感电流为 I_{Lf}。

根据 T 型三电平逆变器的小信号交流模型表达式（4.17），可得 $dq0$ 坐标系下系统小信号模型等效电路，如图 4.6 所示。

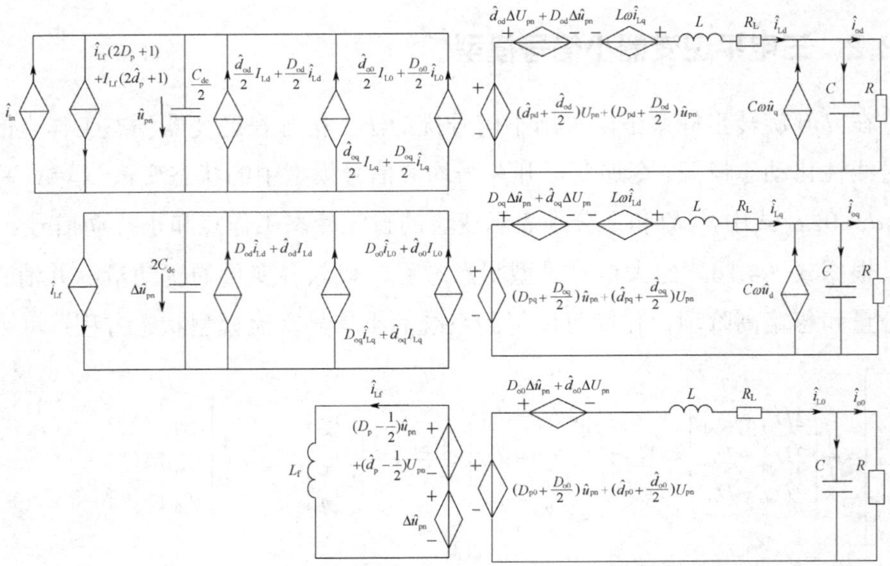

图 4.6　*dq*0 坐标系下系统小信号模型等效电路

4.2.3　三电平逆变器控制系统及环路

由 T 型三电平逆变器的小信号模型可以看出，在 *dq*0 旋转坐标系下的电压、电流存在耦合关系。为简化环路控制器设计，引入环路解耦控制方法，实现 *dq* 轴解耦，如图 4.7 所示。

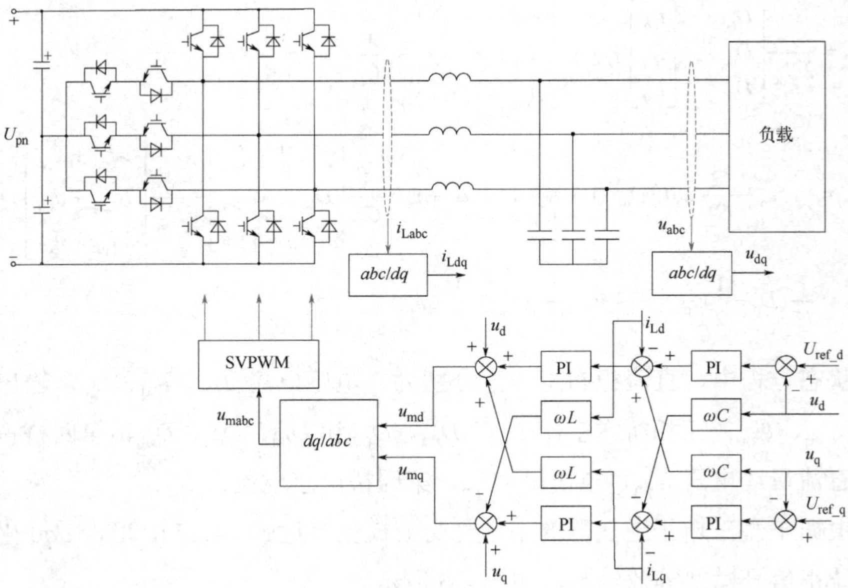

图 4.7　T 型三电平逆变器控制系统

由图 4.7 可得解耦控制方法，同时得到 T 型三电平逆变器的电压电流双闭环控制框图，如图 4.8 所示。

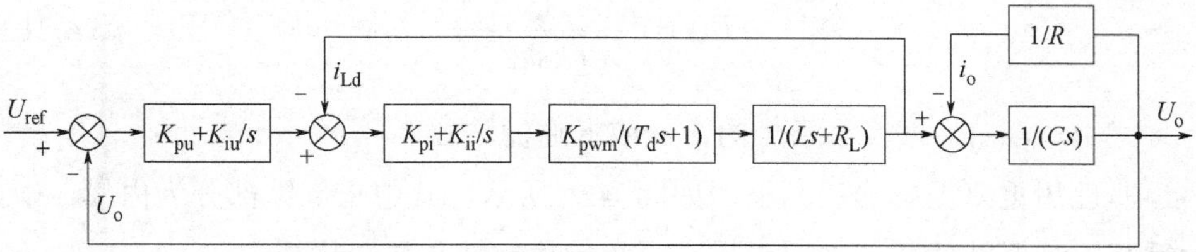

图 4.8 三电平逆变器电压电流双闭环控制框图

图 4.8 中，$K_{pu}+K_{iu}/s$，$K_{pi}+K_{ii}/s$ 分别为电压、电流 PI 控制器；$K_{pwm}/(T_d s+1)$ 为一阶惯性延时环节，T_d 为系统延时时间常数，可近似为 $T_d=T_s/2$；R 为负载电阻。

4.2.4 嵌入重复控制器

针对轨道交通辅助电源需要较强的带非线性负载能力(如:不控整流负载)问题，传统 PI 控制系统对高频谐波的抑制效果十分有限，难以保证复杂工况下的稳态特性。而重复控制可在基次和各次谐波有较高的幅值增益，具有良好的稳态跟踪特性。

理想重复控制内模的表达式：

$$F(s)=\frac{1}{1-\mathrm{e}^{-sT}} \tag{4.18}$$

理想重复控制器的频域函数为：

$$F(\mathrm{j}\omega)=\frac{1}{1-\mathrm{e}^{-\mathrm{j}\omega T}}=\frac{1}{1-\cos(\omega T)+\mathrm{j}\sin(\omega T)} \tag{4.19}$$

对于 k 倍基波频率 ω_0 的重复控制器为：

$$F\left(\mathrm{j}k\omega_0\right)=\frac{1}{1-\cos\left(k\dfrac{2\pi}{T}T\right)+\mathrm{j}\sin\left(k\dfrac{2\pi}{T}T\right)}\to\infty \tag{4.20}$$

式中，T 为基波周期；k=1,2,3⋯

由式 (4.20)可以看出，若该系统稳定，则对于基波和各次谐波频率成分(即 $\omega=k\omega_0$，k=1,2,3⋯)开环增益是无穷大的。

为提高系统稳定性，通过加入系数 $Q(s)$对理想重复控制内模离散化，得到非理想重复控制内模为：

$$F(s)=\frac{1}{1-Q(s)\mathrm{e}^{-sT}} \tag{4.21}$$

式中，$Q(s)$为模值小于 1 的常数或低通滤波器。

非理想重复控制器控制框图如图 4.9 所示，其中正反馈部分为内模，$w(s)$为重复控制器补偿环节，用于提高系统的稳定性与抗干扰能力。

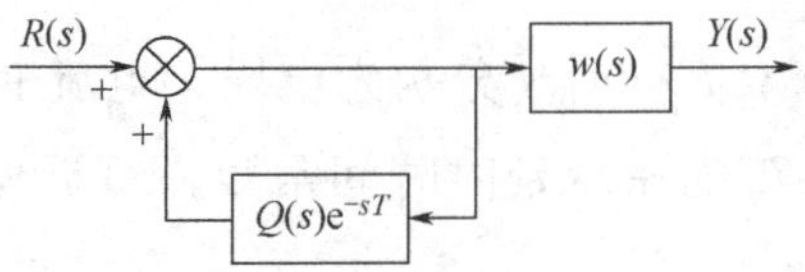

图 4.9 非理想重复控制器控制框图

为改善逆变器输出电压的控制效果，嵌入重复控制器的三电平逆变器控制系统如图 4.10 所示，T 型三电平逆变器的电压电流双闭环控制框图如图 4.11 所示。

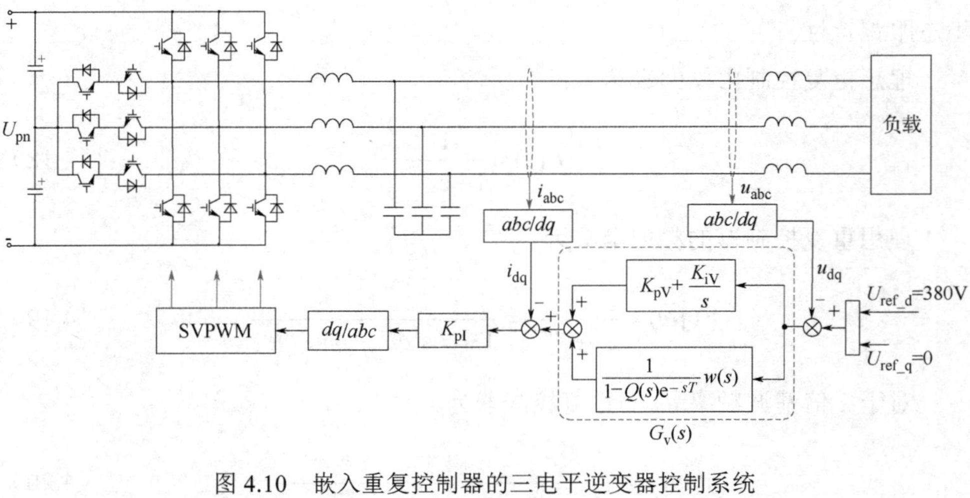

图 4.10 嵌入重复控制器的三电平逆变器控制系统

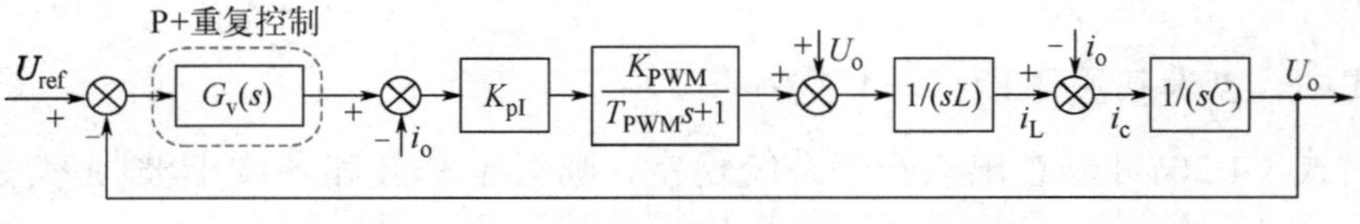

图 4.11 嵌入重复控制器的闭环控制框图

嵌入重复控制器的电压环开环幅频特性如图 4.12 所示，可以看出在谐波频率 $k\omega_0$ 处系统具有较大的增益。

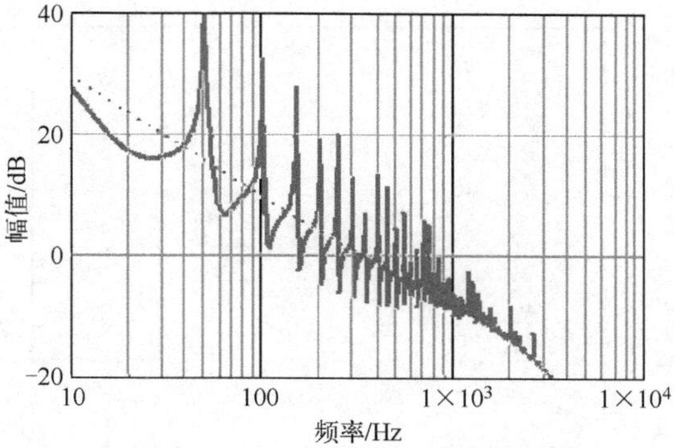

图 4.12 嵌入重复控制器的电压开环幅频特性图

针对大负载突变和非线性负载对列车辅助逆变器输出电压的影响问题，为改善逆变器输出电压的控制效果，在电压环路中嵌入频率为 $6\omega_0$ 的谐振控制器，如图 4.13 所示。辅助逆变器的闭环控制框图如图 4.14 所示。

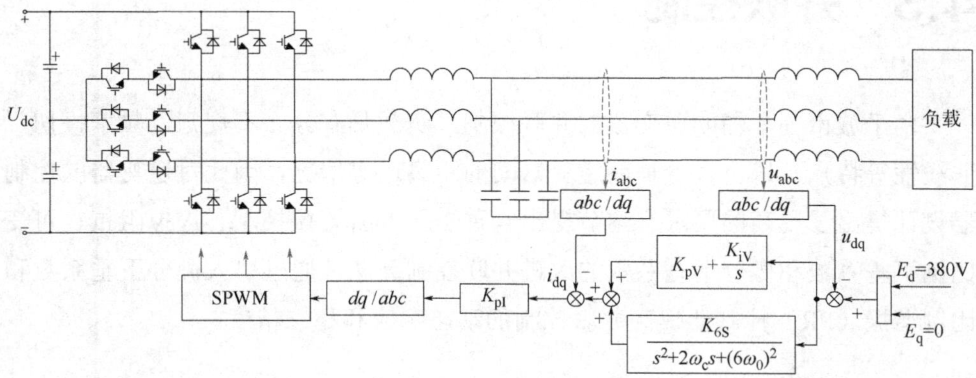

图 4.13 带比例谐振控制器的 T 型三电平辅助逆变器控制框图

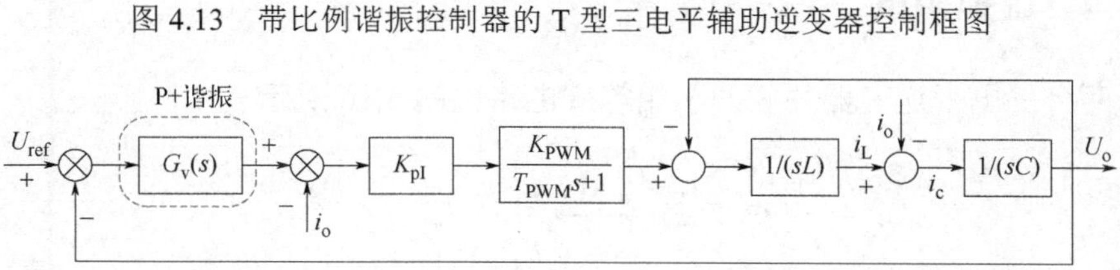

图 4.14 辅助逆变器带 PR 控制的闭环控制框图

根据图 4.14，推导辅助逆变器的电压开环传递函数为：

$$G_{v\_open}(s)=\frac{U_o}{U_{ref}}=\frac{G_v(s)K_{pI}K_{PWM}}{LC(T_{PWM}s+1)s^2+[Cs+G_v(s)]K_{pI}K_{PWM}+T_{PWM}s+1} \tag{4.22}$$

根据系统参数和电压开环传递函数，可以得到辅助逆变器电压环的幅频特性如图 4.15 所示，可以看出在谐波频率 $6\omega_0$ 处系统具有较大增益。

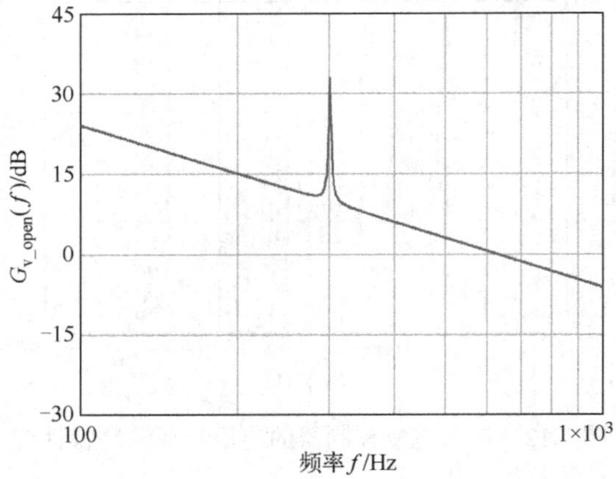

图 4.15 嵌入 $6\omega_0$ 比例谐振控制器的幅频特性图

4.3 并联控制

由于城市列车辅助逆变器的并联控制，负载具有分布不规则、频繁投切、非线性等特点，以及多台辅助逆变器间的距离远等情况，因此对逆变器的控制器设计提出了更高的要求。本节提出一种引入 $6\omega_0$ 谐振控制、虚拟阻抗、可变比例下垂系数和微分下垂系数的改进并联控制算法，通过引入微分下垂系数和比例谐振（PR）控制器提高并联控制的动态响应和稳态精度。

4.3.1 虚拟阻抗

两台三电平逆变器并联的单相等效电路如图 4.16 所示。

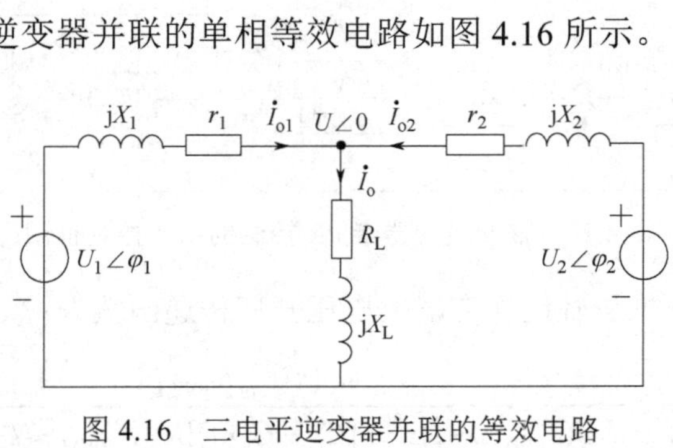

图 4.16 三电平逆变器并联的等效电路

根据图 4.16，可以得到第 n 台逆变器的输出有功功率 P_{n} 和无功功率 Q_{n}：

$$\begin{cases} P_n = \dfrac{U_n[r_n(U_n - U\cos\varphi_n) + UX_n\sin\varphi_n]}{r_n^{\ 2} + X_n^{\ 2}} \\ Q_n = \dfrac{U_n[X_n(U_n - U\cos\varphi_n) - Ur_n\sin\varphi_n]}{r_n^{\ 2} + X_n^{\ 2}} \end{cases} \tag{4.23}$$

式中，r_n 为第 n 台逆变器的线路阻抗；X_n 为第 n 台逆变器的线路感抗；φ_n 为第 n 台逆变器的输出电压 U_n 和公共母线电压 U 之间的相位差。

由于辅助逆变器在城轨列车上布局分散且间距较远，因此线路阻抗 Z_n 不可忽略，系统的有功功率 P 和无功功率 Q 之间存在强耦合。本书引入虚拟电感 L_{v}，增大等效线路阻抗的感性分量，增强系统稳定性，如图 4.17 所示。加入虚拟电感 L_{v} 的给定参考电压表达式为：

$$U'_{\mathrm{ref}}(s) = U_{\mathrm{ref}}(s) - sL_{\mathrm{v}}I_{\mathrm{o}}(s) \tag{4.24}$$

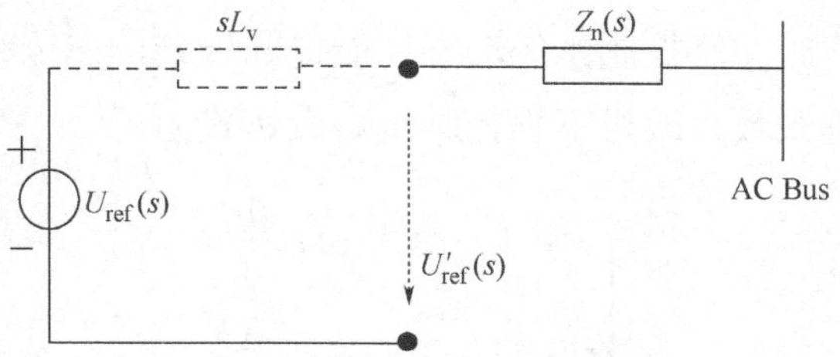

图 4.17 引入虚拟阻抗的逆变器等效模型

由图 4.17，通过引入虚拟阻抗 X_{v} 来削弱线路阻抗 Z_{n} 差异的影响。$X_{\mathrm{v}}+X_n \gg r_n$ 且功率角 φ_n 很小，结合式（4.23），可以化简得到：

$$\begin{aligned} Q_n &= Q_{n\mathrm{v}} - I^2X_{\mathrm{v}} \\ &\approx \frac{U_n[(X_n + X_{\mathrm{v}})(U_n - U\cos\varphi_n) - Ur_n\sin\varphi_n]}{r_n^{\ 2} + (X_n + X_{\mathrm{v}})^2} - \frac{(U_n^{\ 2} + U^2 - 2U_nU\cos\varphi_n)X_{\mathrm{v}}}{r_n^{\ 2} + (X_n + X_{\mathrm{v}})^2} \\ &\approx \frac{(U_nX_n + UX_{\mathrm{v}})(U_n - U)}{r_n^{\ 2} + (X_n + X_{\mathrm{v}})^2} \end{aligned} \tag{4.25}$$

由式（4.25）可知无功功率 Q 只与电压 U 相关，实现功率的解耦。

4.3.2 改进下垂控制

实际线路中，与感抗 X_n 相比，电阻 r_n 可以忽略不计，即 $X_{\mathrm{v}}+X_n \gg r_n$，若功率

角 φ_n 很小，则 $\cos\varphi_n \approx 1$，$\sin\varphi_n \approx \varphi_n$，则式（4.23)的输出有功功率 P 和无功功率 Q，可化简为：

$$\begin{cases} P_n = \dfrac{U_n U \varphi_n}{X_n + X_{\mathrm{v}}} \\ Q_n = \dfrac{U_n(U_n - U)}{X_n + X_{\mathrm{v}}} \end{cases} \tag{4.26}$$

根据式（4.26)，在 $X_{\mathrm{v}}+X_n \gg r_n$ 的前提下，功率角 φ_n 可以通过调节有功功率 P 进行控制，而输出电压 U 可以通过调节无功功率 Q 进行控制。由此，推导出传统下垂控制策略表达式为：

$$\begin{cases} f = f_0 - k_{\mathrm{p}} P \\ U = U_0 - k_{\mathrm{q}} Q \end{cases} \tag{4.27}$$

式中，k_{p} 为有功下垂系数，Hz/W； k_{q} 为无功下垂系数，V/W；f_0 和 U_0 分别为空载情况下的输出频率和输出电压给定值。

针对突投负载时并联控制系统动态性能提升情景，在传统下垂控制算法基础上加入微分下垂系数，改进下垂控制策略表达式为：

$$\begin{cases} f = f_0 - m_{\mathrm{p}} P - m_{\mathrm{d}} \dfrac{\mathrm{d}P}{\mathrm{d}t} \\ U = U_0 - n_{\mathrm{q}} Q - n_{\mathrm{d}} \dfrac{\mathrm{d}Q}{\mathrm{d}t} \end{cases} \tag{4.28}$$

式中，m_{p} 和 n_{q} 分别为有功和无功功率的比例下垂系数；m_{d} 和 n_{d} 分别为有功和无功功率的微分系数。

针对实时功率计算的高频脉动问题，采用一阶低通滤波器，推导滤波后的有功功率 P 和无功功率 Q 为：

$$\begin{cases} P = \dfrac{\omega_{\mathrm{c}}}{s + \omega_{\mathrm{c}}}(v_{\mathrm{od}} i_{\mathrm{od}} + v_{\mathrm{oq}} i_{\mathrm{oq}}) \\ Q = \dfrac{\omega_{\mathrm{c}}}{s + \omega_{\mathrm{c}}}(v_{\mathrm{od}} i_{\mathrm{oq}} + v_{\mathrm{oq}} i_{\mathrm{od}}) \end{cases} \tag{4.29}$$

式中，ω_{c} 为一阶低通滤波器截止频率；v_{od}、v_{oq}、i_{od} 和 i_{oq} 是 dq 旋转坐标系下的输出电压和电流。

引入可变比例下垂因子 μ，随着输出功率的增加，可变比例下垂因子 μ 将减小；当输出功率降低时，可变比例下垂因子则增加。可变比例下垂因子 μ 的表达式为：

$$\mu=\begin{cases}-0.38\times\dfrac{P}{P_{\mathrm{N}}}+1 & 0\leqslant P\leqslant P_{\mathrm{N}}\\ 0.62 & P>P_{\mathrm{N}}\end{cases}\tag{4.30}$$

式中，P 为逆变器输出功率；P_{N} 为逆变器额定功率。

结合式（4.29）和式（4.30），得到改进下垂控制策略的表达式为：

$$\begin{cases}f=f_0-\mu m_{\mathrm{p}}P-m_{\mathrm{d}}\dfrac{\mathrm{d}P}{\mathrm{d}t}\\ U=U_0-\mu n_{\mathrm{q}}Q-n_{\mathrm{d}}\dfrac{\mathrm{d}Q}{\mathrm{d}t}\end{cases}\tag{4.31}$$

P-f 下垂特性曲线如图 4.18 所示，额定功率 P_{N} 为 140kW，空载输出频率 f_0 为 50.5Hz。可以看出，随着有功功率的增加，下垂系数逐渐减小，缩小满载时频率 f 的下垂区间，提高并联系统的供电质量。

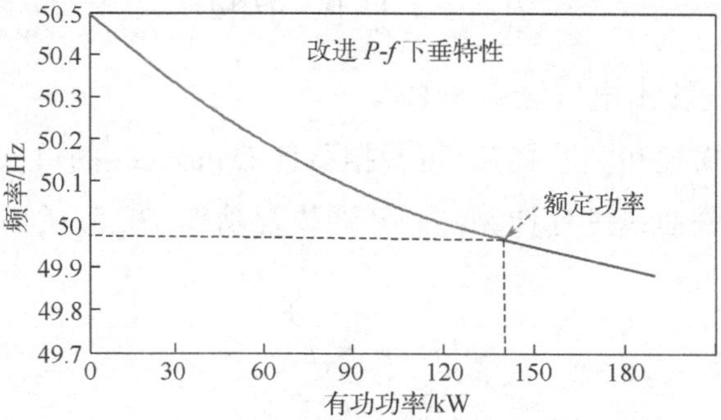

图 4.18　改进 P-f 下垂特性

综上，可以得到 T 型三电平逆变器的并联控制系统框图如图 4.19 所示。

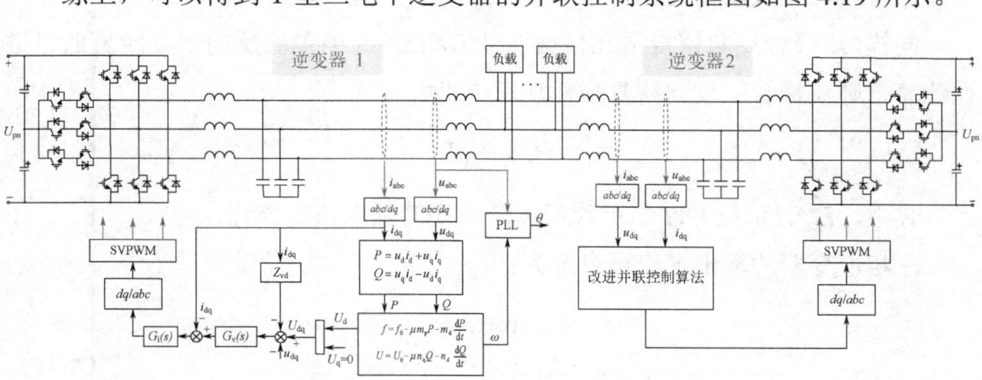

图 4.19　T 型三电平逆变器并联控制系统

4.4 逆变器损耗模型与效率

通过建立T型三相逆变器损耗模型，分析T型两电平与三电平三相逆变器的效率情况。

4.4.1 逆变器损耗模型

T 型三电平逆变器的损耗主要包括开关管损耗和磁元件损耗，其中开关管损耗包含导通损耗、开通损耗和关断损耗。

逆变器开关管为 IGBT 元件，根据导通压降 v_{CE} 进行导通损耗计算，则开关管导通损耗为：

$$P_{cond}=f_g\int_0^{\frac{1}{f_g}}[v_{CE}i(t)]\,\mathrm{d}t \tag{4.32}$$

式中，f_g 代表输出电压频率 50Hz。

开关管开通损耗和关断损耗，可根据器件 Datasheet 的单次开通损耗能量曲线和关断损耗能量曲线进行计算，则开通损耗功率 P_{on} 和关断损耗功率 P_{off} 可表示为：

$$\begin{cases}P_{on}=f_{sw}E_{on}\\P_{off}=f_{sw}E_{off}\end{cases} \tag{4.33}$$

式中，f_{sw} 表示开关频率；E_{on} 表示开关器件每开通一次的损耗；E_{off} 表示开关器件每断开一次的损耗。

同样，二极管反向恢复损耗根据器件 Datasheet 的单次反向恢复能量曲线进行计算，则二极管的反向恢复损耗功率 P_{rr} 为：

$$P_{rr}=f_{sw}E_{rr} \tag{4.34}$$

式中，E_{rr} 表示反并联二极管每关断一次的反向恢复损耗。

三相逆变器的输出电流可表示为：

$$\begin{cases}i_a=I_M\cos(\omega t)\\i_b=I_M\cos(\omega t-2\pi/3)\\i_c=I_M\cos(\omega t+2\pi/3)\end{cases} \tag{4.35}$$

式中，I_M 代表相电流幅值。

以双载波调制为例，一个开关周期内，桥臂相电压包含两个电平：正或负电平、零电平。当桥臂相电压为正或负电平时，相电流流经 1 个竖桥开关管；当桥臂相电压为零电平时，相电流流经 1 个横桥开关管和 1 个横桥二极管。在负载功率因数为 1 的情况下，记正或负电平占空比为 $D_{\pm1}$，零电平占空比为 D_0，则一个工频周期内，A 相导通损耗可以表示为：

$$P_{\mathrm{cond}} = f_{\mathrm{g}} \int_0^{\frac{1}{f_{\mathrm{g}}}} [v_{\mathrm{CE1}} I_{\mathrm{M}} \left|\cos(\omega t)\right| D_{\pm1} + v_{\mathrm{CE0}} I_{\mathrm{M}} \left|\cos(\omega t)\right| D_0 + v_{\mathrm{D0}} I_{\mathrm{M}} \left|\cos(\omega t)\right| D_0] \mathrm{d} t \tag{4.36}$$

式中，f_g 为输出电压频率 50Hz；v_{CE1} 为竖桥开关管的导通压降；v_{CE0} 为横桥开关管的导通压降；v_{D0} 为横桥二极管的导通压降。

一个开关周期内，横桥开关管和竖桥开关管各切换一次开关状态。T 型三电平逆变器单个桥臂的开关损耗可表示为：

$$P_{\mathrm{sw}} = f_{\mathrm{g}} \sum_{n=1}^{f_{\mathrm{s}}/f_{\mathrm{g}}} [E_{\mathrm{on1}}(n) + E_{\mathrm{off1}}(n) + E_{\mathrm{rr1}}(n) + E_{\mathrm{on0}}(n) + E_{\mathrm{off0}}(n) + E_{\mathrm{rr0}}(n)] \tag{4.37}$$

式中，f_s 为开关频率；$E_{on1}(n)$、$E_{off1}(n)$和 $E_{rr1}(n)$分别为竖桥第 n 个开关周期内的开通损耗、关断损耗和反向恢复损耗；$E_{on0}(n)$、$E_{off0}(n)$和 $E_{rr0}(n)$分别为横桥第 n 个开关周期内的开通损耗、关断损耗和反向恢复损耗。

滤波电感损耗主要包括铜损和铁损（由变压器厂家具体给出）：

$$P_{\mathrm{L}} = P_{\mathrm{Cu}} + P_{\mathrm{Fe}} \tag{4.38}$$

T 型三电平逆变器的损耗包括开关管的导通损耗 P_{cond} 和开关损耗 P_{sw}、滤波电感损耗 P_L，可以表示为：

$$P_{\mathrm{inv}} = 3P_{\mathrm{cond}} + 3P_{\mathrm{sw}} + 3P_{\mathrm{L}} \tag{4.39}$$

4.4.2 逆变器效率分析

相同开关频率下，相比两电平逆变器，三电平逆变器等效开关显著增加，综合考虑开关器件和滤波电感损耗，相同功率等级下，选择两电平和三电平逆变器的主电路参数如表 4.2 所示。

针对逆变器损耗模型，分别对两电平逆变器和 T 型三电平逆变器进行损耗计算，损耗分布如图 4.20 所示。与两电平逆变器相比，T 型三电平逆变器的开

关损耗 P_{sw} 和反向恢复损耗 P_{rr} 大幅减小。

表 4.2　两电平和三电平逆变器主要参数

类别	名称	参数（型号）
两电平	额定功率	140kW
	开关频率	12kHz
	开关器件	FF450R12ME4
三电平	额定功率	140kW
	开关频率	7.5kHz
	开关器件	F3L300R12PT4

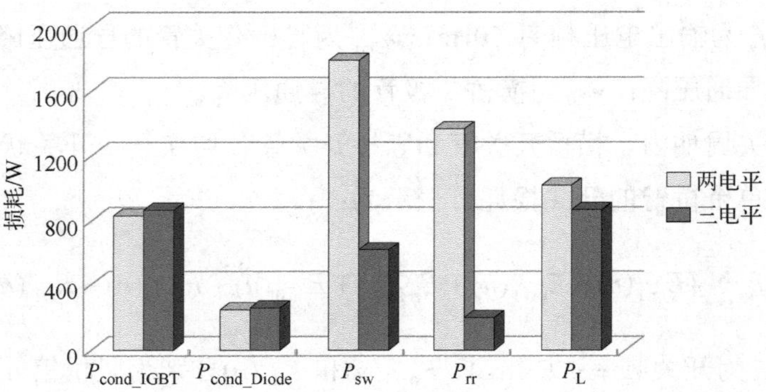

图 4.20　两电平和三电平逆变器损耗分布对比

针对不同负载情况，两电平和三电平逆变器的效率计算曲线如图 4.21 所示。由图可得，全负载范围内三电平逆变器的效率均优于两电平。满载（140kW）时，两电平逆变器的效率为 96.4%，而 T 型三电平逆变器的效率达到 98.1%，效率提升 1.7%。

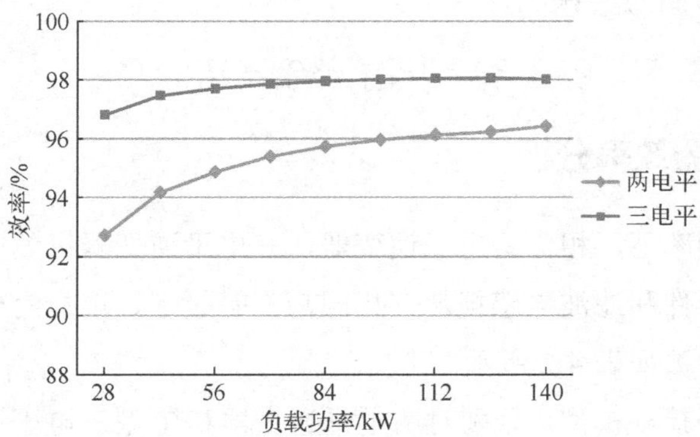

图 4.21　两电平和三电平逆变器效率曲线

4.5 实验结果

针对上述控制策略的可行性和有效性进行分析，首先进行 T 型三相逆变器单台和两台并联运行的 Matlab/simulink 仿真，然后搭建实验平台，进行实验验证。

4.5.1 仿真结果

针对 T 型三电平三相逆变器仿真，设置参数为：直流侧母线电容为 2 组 4.5mF 串联，三相滤波电感为 100μH，滤波电容为 20μF，直流母线电压为 DC730V，输出相电压为 AC220V，开关频率为 7.5kHz，输出频率为 50Hz。

图 4.22 为 T 型三电平逆变器稳态仿真波形，其中图 4.22（a）和图 4.22（b）分别为轻载（20kW）和满载（140kW）仿真波形，可以看出在轻载和满载情况下，逆变器都具有较好的稳态输出电压特性。

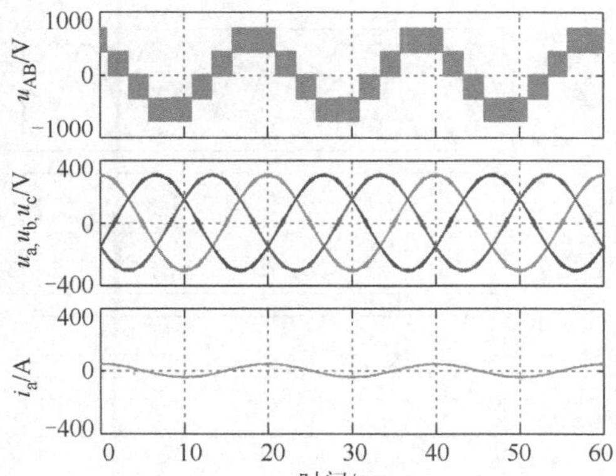

(a) 20kW轻载

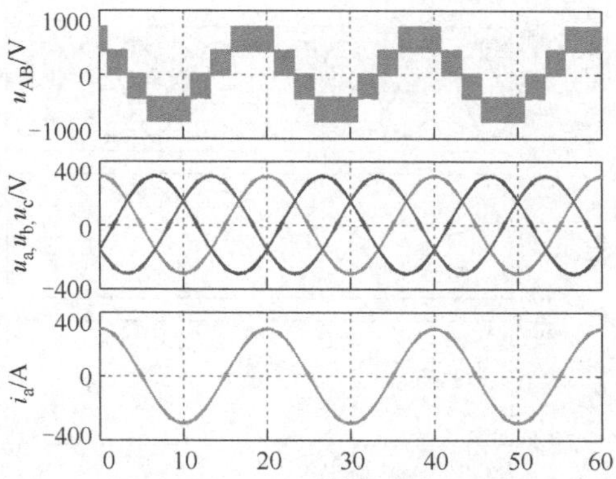

(b) 140kW满载

图 4.22 逆变器稳态运行仿真波形

图 4.23 为 T 型三电平逆变器负载突投仿真波形，可以看出负载从 20kW 突加到 120kW 时，输出线电压在 450μs 内恢复稳定，输出三相电压 u_a、u_b、u_c 具有良好动态响应，可实现输出电压的快速调节。

图 4.24 为两台三电平逆变器并联运行的仿真波形，其中图 4.24（a）和图 4.24（b）分别为满载稳态和负载突投的仿真波形。由图 4.24（a）可以看出，

在满载 280kW 情况下，第一台 a 相输出电流峰值为 291.5A，第二台 a 相输出电流峰值为 293.7A，两台逆变器的输出电流相差 2.2A，具有良好的均流效果。由图 4.24（b）可以看出，在负载从 70kW 突投至 140kW 时刻，瞬时输出电流的均流效果良好，且三相输出没有明显跌落。

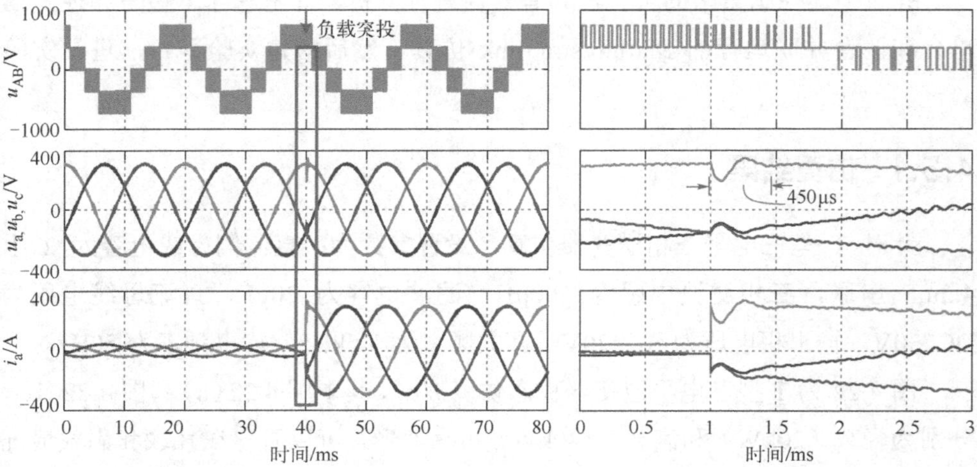

图 4.23　负载突投时输出电压和输出电流仿真波形

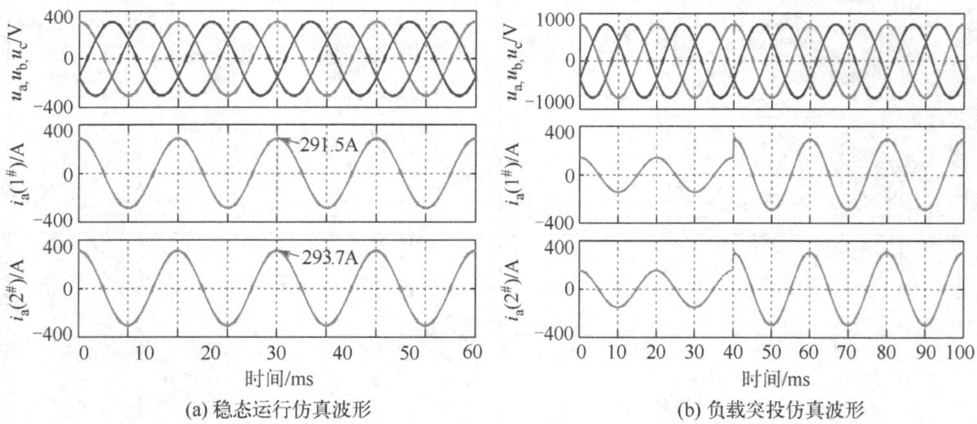

(a) 稳态运行仿真波形　　(b) 负载突投仿真波形

图 4.24　两台逆变器并联运行仿真波形

针对改进并联控制算法带非线性负载能力进行分析，并通过仿真验证效果。在相同非线性负载条件下，采用改进并联控制算法和传统并联控制算法仿真波形，分别如图 4.25 和图 4.26 所示。由图 4.25 和图 4.26 可以看出，采用改进并联控制算法的两台逆变器间 a 相电流相差 2.9A，与传统并联控制（相差 10.3A）相比，改进并联控制算法具有更好的输出均流效果；采用改进并联控制算法的输出电压 THD（总谐波畸变）为 2.49%，较传统并联控制的输出电压 THD（3.51%），降低 1%以上。

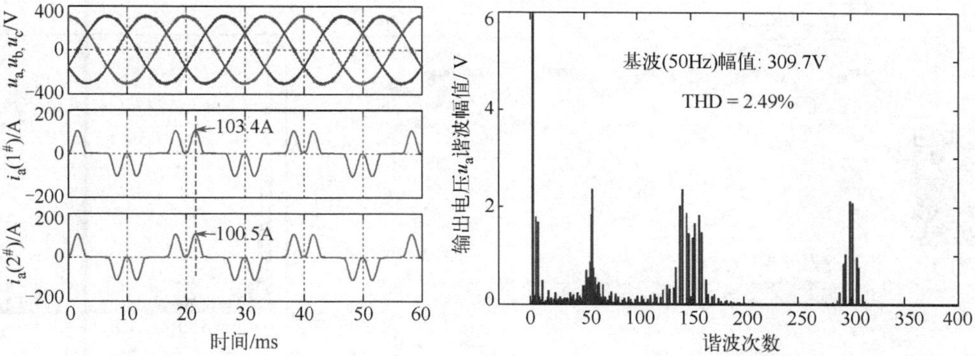

图 4.25　改进并联控制算法的仿真波形和谐波分析（非线性负载）

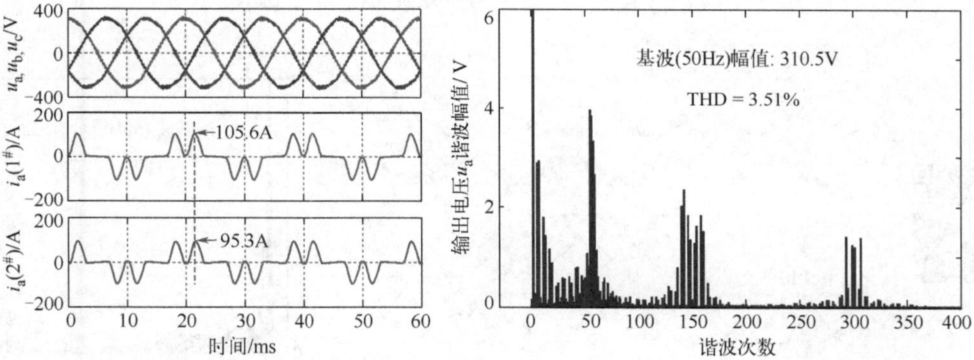

图 4.26　传统并联控制算法的仿真波形和谐波分析（非线性负载）

4.5.2　实验结果

针对逆变器单机运行搭建实验平台。图 4.27 和图 4.28 分别为单台 T 型三电平逆变器在半载和满载情况下的稳态实验波形。在半载（70kW）和满载（140kW）情况下，线电压 u_{ab} 的 THD 分别为 2.07%和 1.82%，可以看出，三相输出电压具有较低的谐波特性和较好的稳态特性。

针对 T 型三电平逆变器动态特性，通过负载突投测试完成验证。图 4.29 为 T 型三电平逆变器负载突投实验波形，当负载从 20kW 突加至 100kW 时，输出线电压 u_{ab} 瞬时跌落 65V 左右，在 400μs 内恢复稳定，具有快速的动态响应。

图 4.30 为 T 型三电平逆变器上、下母线电压均衡的实验波形，当负载突加

100kW 时，上、下母线电压基本维持平衡，母线电压纹波小于 15V，具有良好的均压控制效果，实现上、下母线电容电压的稳定控制。

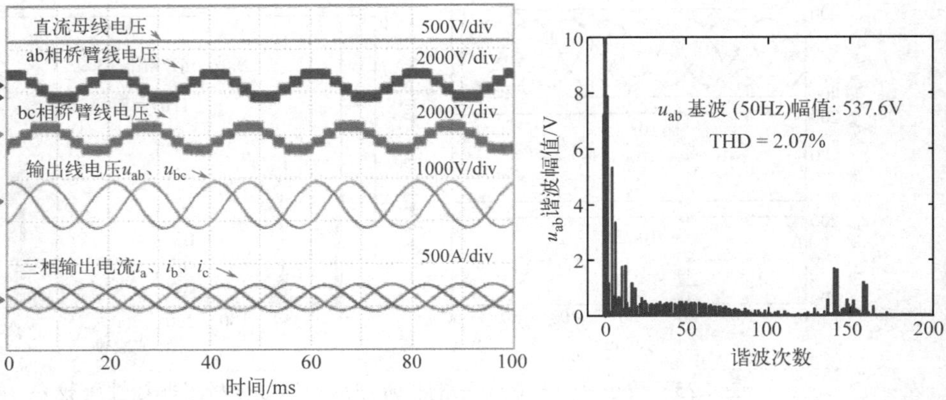

彩图

图 4.27　T 型三电平逆变器半载实验波形（70kW）

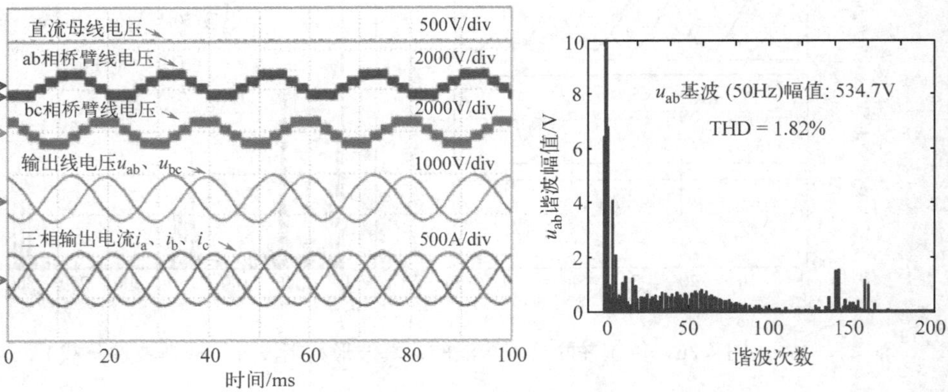

彩图

图 4.28　T 型三电平逆变器满载实验波形（140kW）

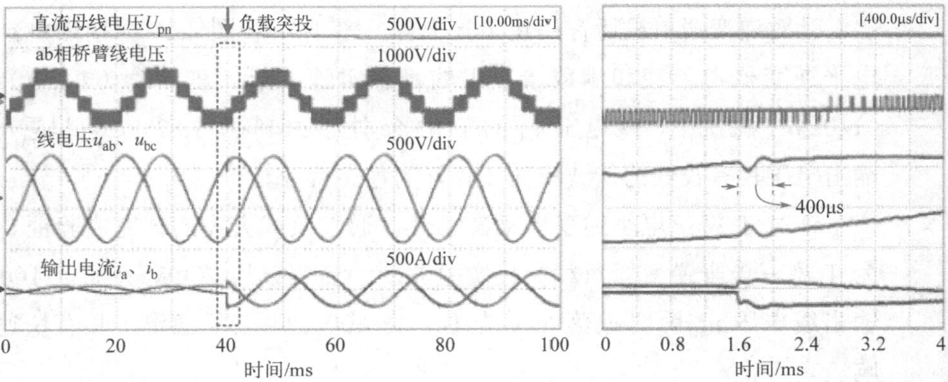

彩图

图 4.29　T 型三电平逆变器负载突投实验波形

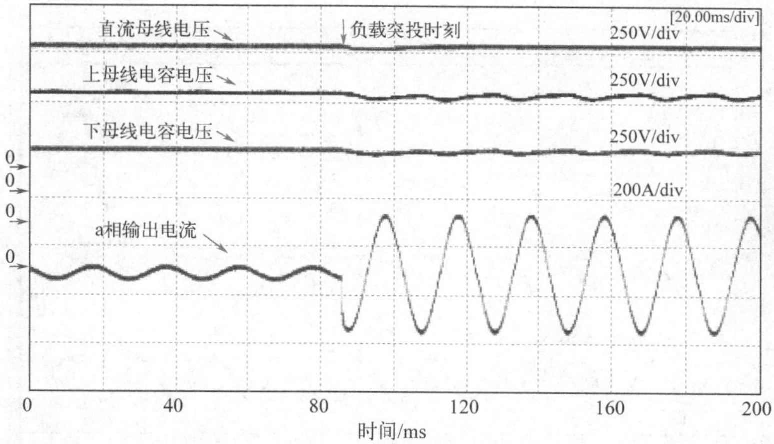

彩图

图 4.30 负载突投时三电平逆变器上下母线电压均衡效果

针对逆变器并机效果，搭建实验平台完成测试。两台 T 型三电平逆变器并联系统主电路如图 4.31 所示。

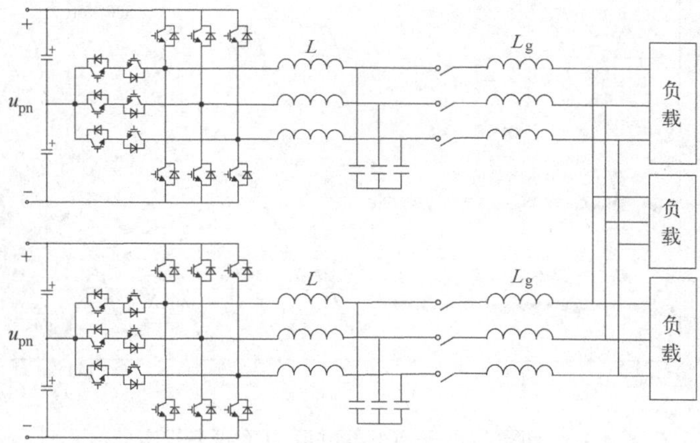

图 4.31 两台辅助逆变器并联主电路

图 4.32 为两台 T 型三电平逆变器并联运行的稳态实验波形。可以看出，在负载 200kW 的情况下，第一台 a 相输出电流为 210.2A，第二台 a 相输出电流为 207.5A，两台逆变器的输出电流偏差小于 1.5%，所采用改进并联控制策略具有良好的均流效果。

针对逆变器并联系统动态响应情况，搭建实验平台完成负载突投实验。图 4.33 为两台三电平逆变器并联系统的负载突投实验，可以看出所采用改进并联控制策略在负载突投时刻，输出电流同步瞬时变化，动态响应快，并且具有良好的均流特性。

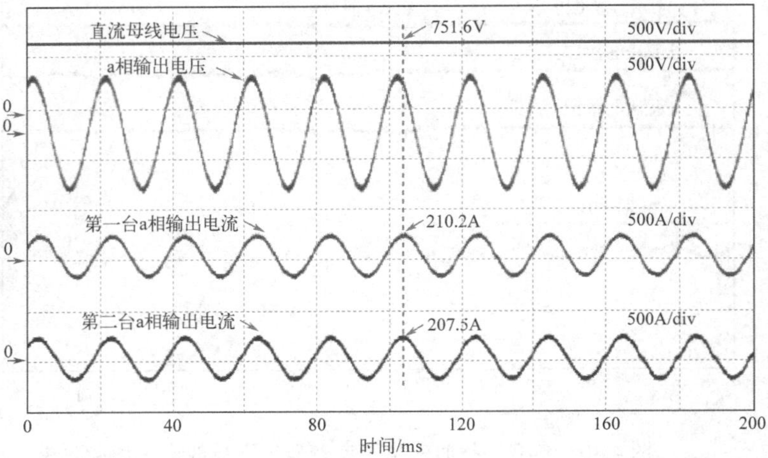

图 4.32　两台三电平逆变器并联的稳态实验波形

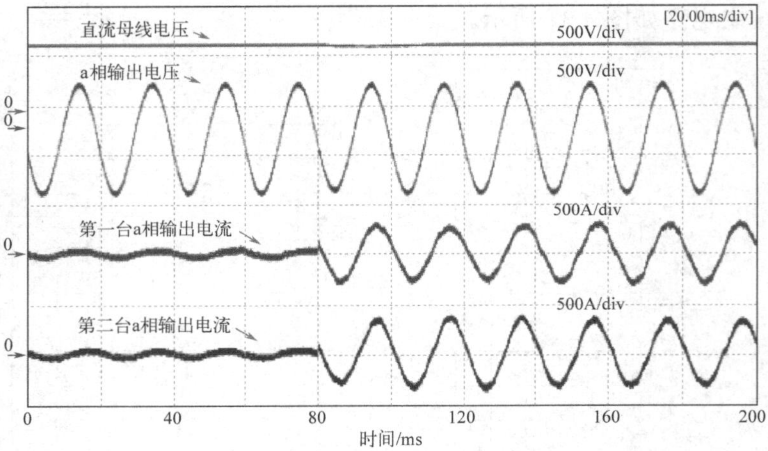

图 4.33　两台三电平逆变器并联的负载突投实验波形

针对非线性负载在改进与传统并联控制算法下的实验效果，在非线性负载（50kW）情况下，进行传统并联控制算法和改进并联控制算法的实验对比。图 4.34 为改进并联控制算法和传统并联控制算法在非线性负载情况下的实验波形。其中：图 4.34（a）为采用本书所提出的并联控制算法实验波形，图 4.34（b）为采用传统并联控制算法的实验波形。通过输出电压 u_a 的谐波畸变分析，采用传统控制算法的 a 相输出电压 THD 为 3.37%，而采用改进控制算法的 a 相输出电压 THD 为 2.25%。可以看出，与传统控制相比，采用改进并联控制算法，输出电压正弦度更好，输出电压 THD 降低 1%以上。

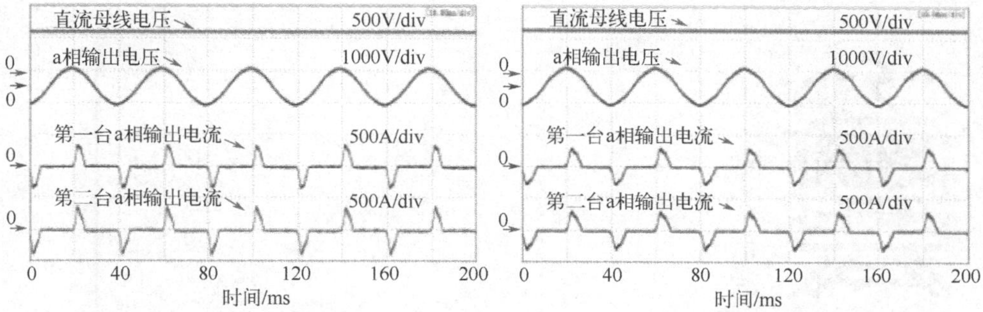

(a) 改进并联控制算法　　(b) 传统并联控制算法

图 4.34　三电平逆变器在非线性负载下的并联实验波形

4.6 小结

本章分析了城轨列车辅助电源 T 型三电平逆变器运行模式。首先建立带中点平衡桥臂的三电平逆变器数学模型。其次，建立 *dq* 解耦的双闭环控制环路，引入重复控制器改善辅助逆变器的非线性带载能力。接着采用虚拟阻抗和改进下垂控制策略，提高并联控制的动态响应和稳态精度。然后搭建仿真模型，进行仿真验证：与传统并联控制相比，采用改进并联控制算法的输出电压 THD 降低 1%以上；同时建立 T 型三电平逆变电路的损耗仿真模型，仿真结果表明满载效率达到 98.1%，与两电平逆变器相比，效率提高 1.7%。最后，搭建实验平台，根据实验结果验证结论。

第 5 章　功率因数自适应 DPWM 调制策略

T 型三电平逆变器通常采用 SVPWM 调制策略，虽然谐波性能良好，但逆变效率还有提升空间。DPWM 调制策略可实现更低的开关损耗，在城轨逆变应用中也逐步得到重视。但传统不连续脉宽调制（discontinuous pulse width modulation，DPWM）控制开关管不动作区域固定，在任意负载功率因数下，无法实现开关管在电流最大区域处不动作。本章提出基于功率因数自适应的 DPWM（PFA-DPWM）控制技术，开关管在电流最大 1/3 开关周期内保持不动作，实现最小开关损耗，提升城轨辅助逆变器的效率和谐波性能。建立连续与不连续空间矢量调制的统一数学模型；提出 PFA-DPWM 调制策略，对不同 PWM 调制策略的开关损耗和谐波性能进行理论分析和对比；针对三电平逆变器的不同载波调制方式（PD、POD/APOD）进行电压谐波分析，选取最佳的三电平载波调制方式，改善线电压谐波特性；分析 PFA-DPWM 策略的三电平逆变器损耗特性，仿真验证 PFA-DPWM 调制策略的有效性。

5.1　空间矢量调制统一化数学模型

针对空间矢量调制数学模型，以两电平逆变器为例，通过零矢量的灵活配置，建立 SVPWM 与 DPWM 统一空间矢量调制数学模型，避免复杂坐标变换和扇区判断，易于实现数字化。

三相电压型逆变电路如图 5.1（a）所示，在 $\alpha\beta$ 坐标系下，开关矢量由 6 个非零矢量［$\boldsymbol{V}_1(100)$、$\boldsymbol{V}_2(110)$、$\boldsymbol{V}_3(010)$、$\boldsymbol{V}_4(011)$、$\boldsymbol{V}_5(001)$、$\boldsymbol{V}_6(101)$］和两个零矢量：［$\boldsymbol{V}_0(000)$、$\boldsymbol{V}_7(111)$］组成。开关矢量分布及合成如图 5.1（b）所示。三相输出电压表达式为：

$$\begin{cases} u_\mathrm{a} = U_\mathrm{M}\sin(\omega t) \\ u_\mathrm{b} = U_\mathrm{M}\sin(\omega t - 2\pi/3) \\ u_\mathrm{c} = U_\mathrm{M}\sin(\omega t + 2\pi/3) \end{cases} \tag{5.1}$$

式中，$U_\mathrm{M}=(2MU_\mathrm{dc})/3$，$M$ 为调制比。

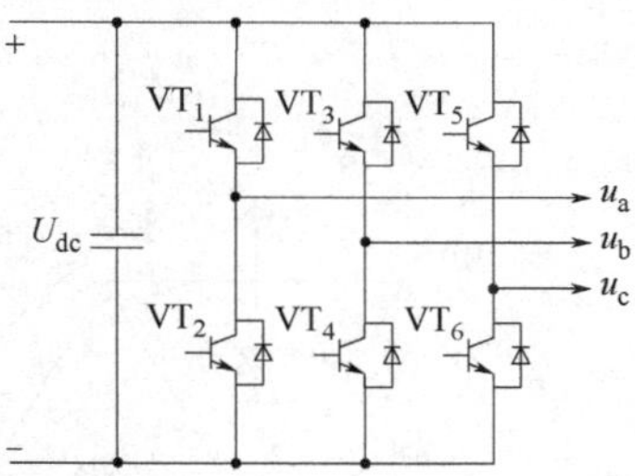

(a) 三相逆变器拓扑

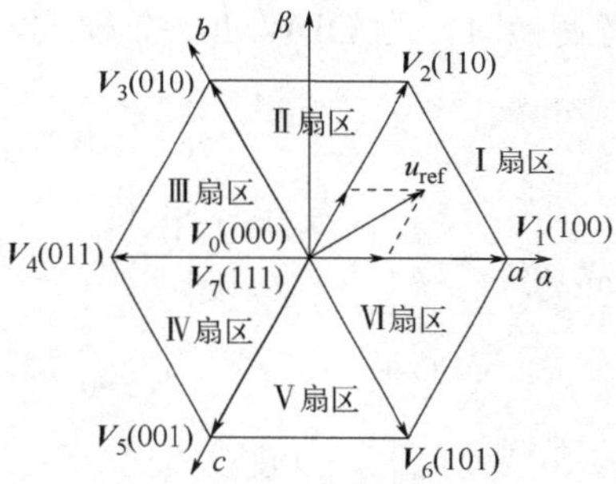

(b) 电压矢量分布

图 5.1 两电平逆变电路及开关矢量分布图

通过三相空间矢量调制的内在规律，在 abc 坐标系下，无须扇区判断，直接得到 SVPWM 策略的调制电压为：

$$\begin{cases} u_\mathrm{ma}^* = u_\mathrm{a} - (u_\mathrm{max} + u_\mathrm{min})/2 \\ u_\mathrm{mb}^* = u_\mathrm{b} - (u_\mathrm{max} + u_\mathrm{min})/2 \\ u_\mathrm{mc}^* = u_\mathrm{c} - (u_\mathrm{max} + u_\mathrm{min})/2 \end{cases} \tag{5.2}$$

式中，u_ma^*、u_mb^*、u_mc^*为三相电压调制电压；u_max、u_min 分别为三相电压最大值和最小值。

DPWM 利用各相开关管在 1/3 开关周期时间内不动作，可有效降低开关损耗。通过零矢量的合理配置，可实现多种不同的调制策略，得到空间矢量调制的统一化模型为：

$$\begin{cases} u_\mathrm{ma}^* = u_\mathrm{a} + u_\mathrm{z} \\ u_\mathrm{mb}^* = u_\mathrm{b} + u_\mathrm{z} \\ u_\mathrm{mc}^* = u_\mathrm{c} + u_\mathrm{z} \end{cases} \tag{5.3}$$

$$
\begin{cases}
u_z = (2k-1) - ku_{max} - (1-k)u_{min} \\
u_{max} = \max\{u_a, u_b, u_c\} \\
u_{min} = \min\{u_a, u_b, u_c\}
\end{cases}
\tag{5.4}
$$

式中，u_z为零序分量；k为零矢量$\boldsymbol{V}_0(000)$、$\boldsymbol{V}_7(111)$作用时间占比，取值范围为[0,1]。

在一个开关周期的各扇区，不同k值对应不同调制方式。k=0.5，为 SVPWM 模式，开关周期内零矢量$\boldsymbol{V}_0$和$\boldsymbol{V}_7$平均分配；k=1，为 DPWM-Max 模式，只采用$\boldsymbol{V}_7$零矢量；k=0，为 DPWM-Min 模式，只采用$\boldsymbol{V}_0$零矢量；k以间隔 60°区间 0、1 交替切换时，为 DPWM0～2 模式，其中 DPWM0～2 模式的k分布如图 5.2 所示。

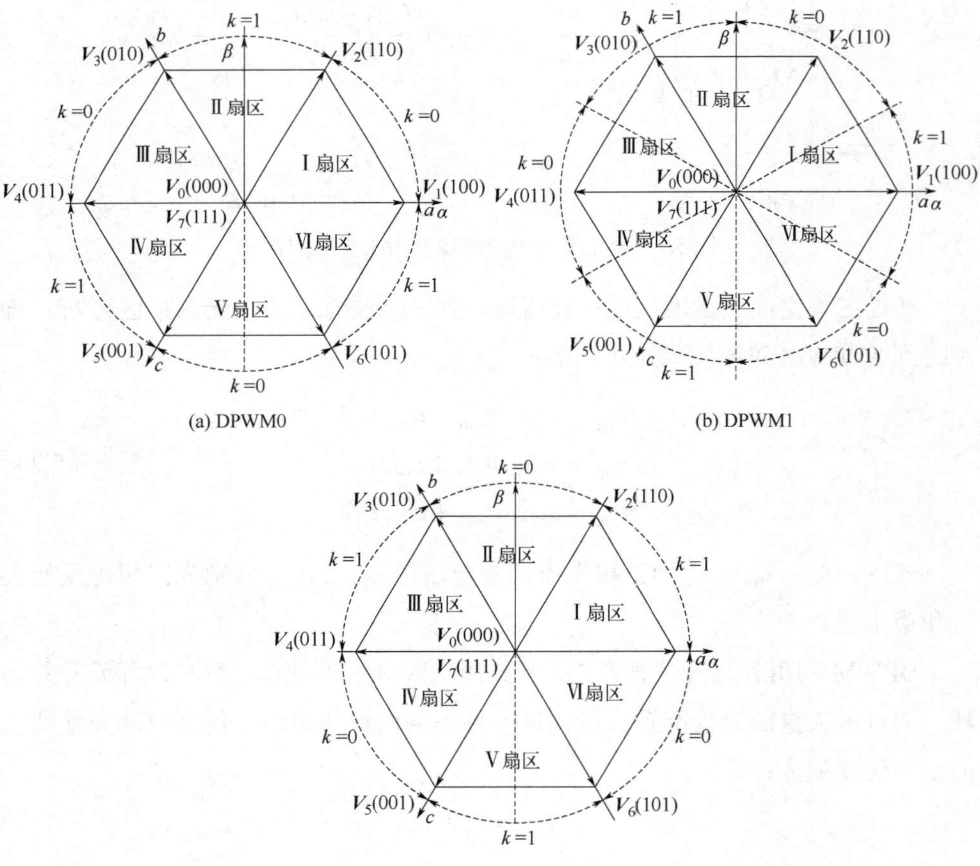

(a) DPWM0 (b) DPWM1

(c) DPWM2

图 5.2 DPWM0～2 的k值分布图

结合式（5.4）和图 5.2，可推导出零序分量 u_z 统一的数学模型：

$$
u_z=\begin{cases}
0 & \langle \text{SPWM} \rangle \\
-u_{\max}/2-u_{\min}/2 & \langle \text{SVPWM} \rangle \\
1-u_{\max} & \langle \text{DPWM-Max} \rangle \\
-1-u_{\min} & \langle \text{DPWM-Min} \rangle \\
\begin{cases} 1-u_{\max}, & \text{Ⅱ、Ⅳ、Ⅵ扇区} \\ -1-u_{\min}, & \text{Ⅰ、Ⅲ、Ⅴ扇区} \end{cases} & \langle \text{DPWM0} \rangle \\
\begin{cases} 1-u_{\max}, & |u_{\max}|>|u_{\min}| \\ -1-u_{\min}, & |u_{\max}|<|u_{\min}| \end{cases} & \langle \text{DPWM1} \rangle \\
\begin{cases} 1-u_{\max}, & \text{Ⅰ、Ⅲ、Ⅴ扇区} \\ -1-u_{\min}, & \text{Ⅱ、Ⅳ、Ⅵ扇区} \end{cases} & \langle \text{DPWM2} \rangle
\end{cases} \tag{5.5}
$$

5.2　两电平功率因数自适应 DPWM 调制策略

DPWM 利用各相开关管在 1/3 开关周期的交替钳位，可有效减少开关管动作次数，降低开关损耗。开关损耗与负载电流瞬时值呈正相关，若开关管不动作的 1/3 开关周期分布在负载电流绝对值的最大区域，就可以实现最小开关损耗。由式（5.2）和式（5.5），可以得到不同类型 PWM 调制电压 u_{ma}^*、u_{mb}^*、u_{mc}^*和零序分量 u_z 的波形，如图 5.3 所示。

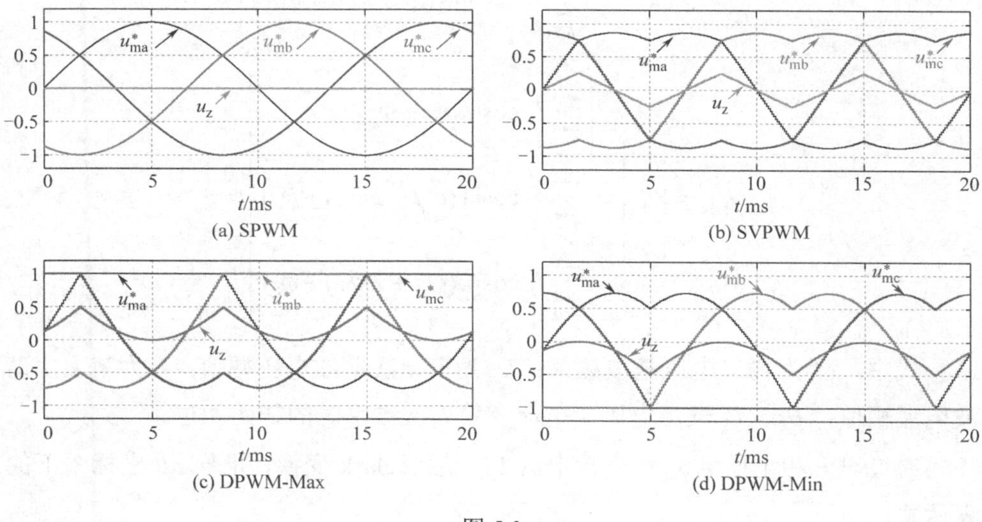

图 5.3

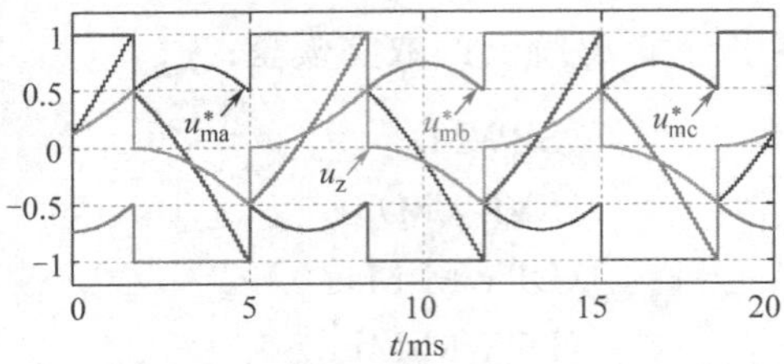

(e) DPWM0

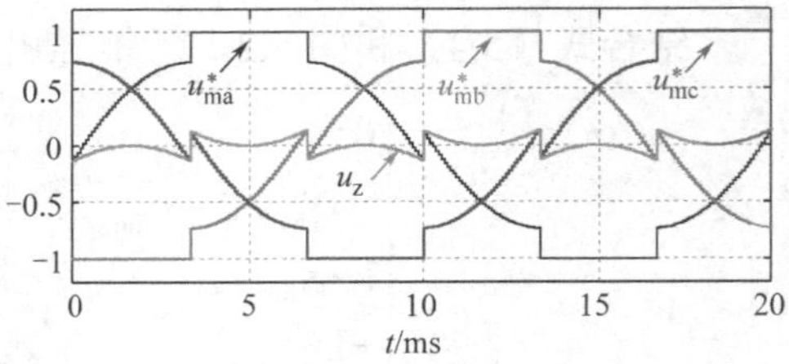

(f) DPWM1

彩图

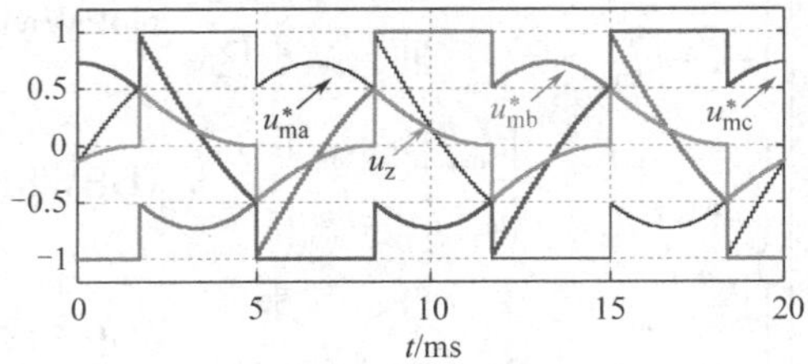

(g) DPWM2

图 5.3　不同 PWM 策略的调制电压与零序分量 u_z 波形

针对最小开关损耗 PWM 调制策略研究，首先需要对负载功率因数进行实时检测。考虑输出电压、电流的谐波畸变对功率因数检测的影响，三相逆变器输出电压 $\boldsymbol{u}_{sabc}$ 和电流 $\boldsymbol{i}_{sabc}$ 表示为：

$$\boldsymbol{u}_{sabc}=\begin{bmatrix}u_a\\u_b\\u_c\end{bmatrix}=\begin{bmatrix}\sum\limits_{k=1}^{\infty}U_k\cos(k\omega_s t+\theta_k)\\\sum\limits_{k=1}^{\infty}U_k\cos[k(\omega_s t-2\pi/3)+\theta_k]\\\sum\limits_{k=1}^{\infty}U_k\cos[k(\omega_s t+2\pi/3)+\theta_k]\end{bmatrix}\tag{5.6}$$

$$\boldsymbol{i}_{sabc}=\begin{bmatrix}i_a\\i_b\\i_c\end{bmatrix}=\begin{bmatrix}\sum\limits_{k=1}^{\infty}I_k\cos(k\omega_s t+\varphi_k)\\\sum\limits_{k=1}^{\infty}I_k\cos[k(\omega_s t-2\pi/3)+\varphi_k]\\\sum\limits_{k=1}^{\infty}I_k\cos[k(\omega_s t+2\pi/3)+\varphi_k]\end{bmatrix}\tag{5.7}$$

式中，ω_s 为输出电压基波频率；U_k 为第 k 次谐波电压幅值；I_k 为第 k 次谐波电流幅值；θ_k、φ_k 表示电压、电流在第 k 次频率时的初始相位。

通过对三相电压 $\boldsymbol{u}_{sabc}$ 和三相电流 $\boldsymbol{i}_{sabc}$ 进行 clark 变换，推导 $\alpha\beta$ 坐标系下的表达式：

$$\boldsymbol{u}_{s\alpha\beta}=\begin{bmatrix}u_{s\alpha}\\u_{s\beta}\end{bmatrix}=\boldsymbol{T}_{\alpha\beta}\boldsymbol{u}_{sabc}=\begin{bmatrix}\sum_{k=1}^{\infty}U_k\cos(k\omega_s t+\theta_k)\\\sum_{k=1}^{\infty}U_k\sin(k\omega_s t+\theta_k)\end{bmatrix}\tag{5.8}$$

$$\boldsymbol{i}_{s\alpha\beta}=\begin{bmatrix}i_{s\alpha}\\i_{s\beta}\end{bmatrix}=\boldsymbol{T}_{\alpha\beta}\boldsymbol{i}_{sabc}=\begin{bmatrix}\sum_{k=1}^{\infty}I_k\cos(k\omega_s t+\varphi_k)\\\sum_{k=1}^{\infty}I_k\sin(k\omega_s t+\varphi_k)\end{bmatrix}\tag{5.9}$$

式中，变换矩阵 $\boldsymbol{T}_{\alpha\beta}$ 为：

$$\boldsymbol{T}_{\alpha\beta}=\frac{2}{3}\begin{bmatrix}1 & 1/2 & -1/2\\0 & \sqrt{3}/2 & -\sqrt{3}/2\end{bmatrix}\tag{5.10}$$

由瞬时无功功率理论，推导瞬时功率的有功分量 p 和无功分量 q 为：

$$\begin{bmatrix}p\\q\end{bmatrix}=\begin{bmatrix}u_\alpha & u_\beta\\u_\beta & -u_\alpha\end{bmatrix}\begin{bmatrix}i_\alpha\\i_\beta\end{bmatrix}=\begin{bmatrix}\sum_{k=1}^{\infty}U_kI_k\cos(\theta_k-\varphi_k)-\sum_{k=1}^{\infty}\sum_{n(n\neq k)=1}^{\infty}U_kI_n\cos[(k-n)\omega_s t+(\theta_k-\varphi_k)]\\\sum_{k=1}^{\infty}U_kI_k\sin(\theta_k-\varphi_k)-\sum_{k=1}^{\infty}\sum_{n(n\neq k)=1}^{\infty}U_kI_n\sin[(k-n)\omega_s t+(\theta_k-\varphi_k)]\end{bmatrix}\tag{5.11}$$

针对三相逆变输出电压和输出电流主要含有（$6n\pm1$）次谐波的问题，根据式(5.11)可知，除直流分量外，有功分量 p 和无功分量 q 的最小谐波频率为 $2\omega_s$。因此，采用低通滤波器（LPF）对有功分量 p 和无功分量 q 进行滤波，得到 p 和 q 的直流部分为：

$$\begin{bmatrix}\bar{p}\\\bar{q}\end{bmatrix}=\begin{bmatrix}\sum_{k=1}^{\infty}U_kI_k\cos(\theta_k-\varphi_k)\\\sum_{k=1}^{\infty}U_kI_k\sin(\theta_k-\varphi_k)\end{bmatrix}\tag{5.12}$$

由功率和功率因数角的关系，可推导：

$$\begin{bmatrix}\cos\varphi\\\sin\varphi\end{bmatrix}=\begin{bmatrix}\dfrac{\bar{p}}{\sqrt{\bar{p}^2+\bar{q}^2}}\\\dfrac{\bar{q}}{\sqrt{\bar{p}^2+\bar{q}^2}}\end{bmatrix}\tag{5.13}$$

式中，φ 为负载功率因数角。

综上，采用瞬时无功功率理论的负载功率因数检测算法如图 5.4 所示。在电压和电流存在谐波畸变时，分离出有功、无功的直流部分，再计算负载功率因数，具有较强的谐波畸变抑制能力。

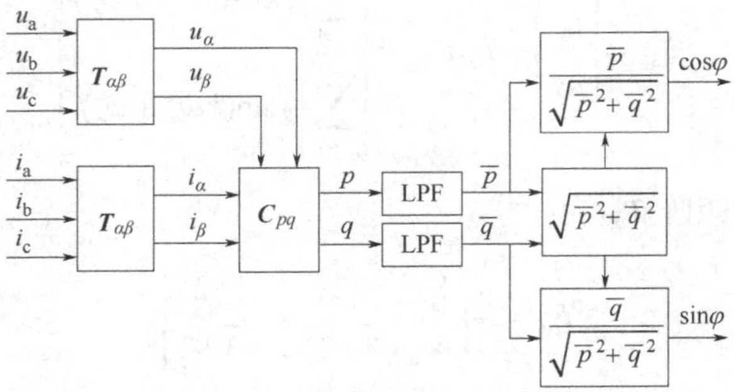

图 5.4 负载功率因数检测算法

为实现功率因数自适应 DPWM（PFA-DPWM）调制策略，根据功率因数角度来实时改变零序电压的配置机制。定义三相电压 u_a、u_b、u_c 移相 φ 角度的三相调制电压数学表达式为：

$$\begin{cases} u_a'(\varphi) = u_a(\omega t - \varphi) \\ u_b'(\varphi) = u_b(\omega t - \varphi) \\ u_c'(\varphi) = u_c(\omega t - \varphi) \end{cases} \tag{5.14}$$

式中，u_a、u_b、u_c 为原始调制电压；$u_a'(\varphi)$、$u_b'(\varphi)$、$u_c'(\varphi)$ 为 u_a、u_b、u_c 移相 φ 角度的调制电压。

由此，定义原始调制电压与移相后调制电压的最大和最小值函数，可表示为：

$$\begin{cases} u_{max} = \max\{u_a, u_b, u_c\} \\ u_{min} = \min\{u_a, u_b, u_c\} \\ u_{max}'(\varphi) = \max\{u_a'(\varphi), u_b'(\varphi), u_c'(\varphi)\} \\ u_{min}'(\varphi) = \min\{u_a'(\varphi), u_b'(\varphi), u_c'(\varphi)\} \end{cases} \tag{5.15}$$

本书采用负载功率因数角移相后的三相电压作为分区判断的依据条件，提出基于负载功率因数角 φ 自适应的零序电压统一数学表达式：

$$u_z(\varphi)=\begin{cases}1-u_{\max}, & \left|u'_{\max}(\varphi)\right|>\left|u'_{\min}(\varphi)\right| \\ -1-u_{\min}, & \left|u'_{\max}(\varphi)\right|<\left|u'_{\min}(\varphi)\right|\end{cases} \quad \langle\text{PFA\_DPWM}\rangle \tag{5.16}$$

结合式（5.3），推导出基于功率因数自适应的 DPWM 的三相调制电压表达式为：

$$\boldsymbol{u}^*_{\text{mabc}}(\varphi)=\boldsymbol{u}_{\text{sabc}}+u_z(\varphi) \tag{5.17}$$

式中，$u_z(\varphi)$为 PFA-DPWM 的零序电压分量；$\boldsymbol{u}^*_{\text{mabc}}$为三相 PFA-DPWM 的调制电压。

由此，采用式（5.17）的 PFA-DPWM 调制策略，可以实现开关管在电流绝对值最大 1/3 开关周期内不动作，达到最小开关损耗。以 φ=π/12 为例，采用 PFA-DPWM 控制的调制电压如图 5.5 所示。

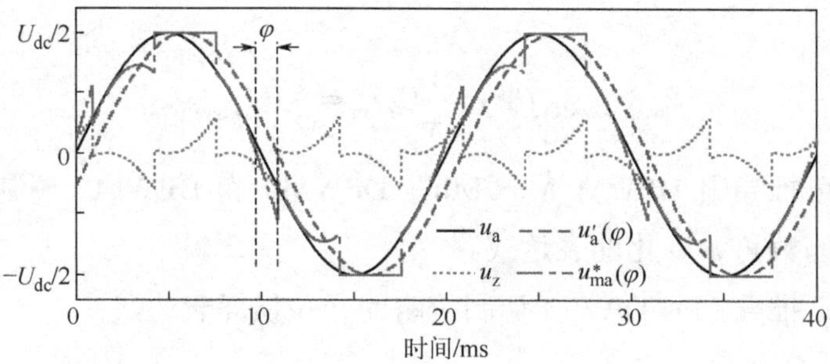

图 5.5 φ=π/12 时的 PFA-DPWM 调制电压

5.3 不同类型 DPWM 开关损耗

开关损耗是评价不同 PWM 策略优劣的一个重要参数。对于母线电压恒定的电压型逆变器，器件开关损耗与瞬时负载电流的幅值成正比，据此进行不同 PWM 策略开关损耗的对比分析。

针对采用 SVPWM 调制策略的情况，在半个开关周期中，逆变器开关器件的开关损耗为：

$$P_{\text{loss(SVPWM)}}=U_e I_m \frac{1}{\pi}\int_{\varphi}^{\pi+\varphi}\left|\sin(\theta-\varphi)\right|\mathrm{d}\theta \tag{5.18}$$

式中，U_e为反映开关损耗大小的等效直流电压；I_m为负载电流；φ为负载功率因数角。

由式（5.18），可推导 SVPWM 调制策略在半个开关周期内的开关损耗$P_{loss(SVPWM)}$为：

$$P_{loss(SVPWM)}=\frac{2}{\pi}U_e I_m \tag{5.19}$$

若采用 DPWM 调制策略，在电压钳位的 1/3 开关周期内，保持开关管不动作，开关器件的开关损耗为零。以 DPWM1 调制策略为例，可推导 DPWM1 调制策略的开关损耗随负载功率因数角φ变化的表达式为：

$$P_{loss(DPWM1)}(\varphi)=U_e I_m \frac{2}{\pi}\left[\int_0^{\frac{\pi}{3}}\left|\sin(\theta-\varphi)\right|d\theta+\int_{\frac{2\pi}{3}}^{\pi}\left|\sin(\theta-\varphi)\right|d\theta\right] \tag{5.20}$$

由式（5.20)可知，DPWM1 调制策略在φ=0°时，开关损耗最小，推导此时开关损耗为：

$$P_{loss(DPWM1)}(0°)=\frac{1}{\pi}U_e I_m=\frac{1}{2}P_{loss(SVPWM)} \tag{5.21}$$

同理，可推导出 DPWM_Max/Min、DPWM0 和 DPWM2 调制策略的开关损耗随功率因数角φ变化的表达式。

进一步，推导 PFA-DPWM 调制策略的开关损耗表达式：

$$P_{loss(PFA\text{-}DPWM)}(\varphi)=\begin{cases}\frac{2}{\pi}U_e I_m\left[\int_0^{\frac{\pi}{6}}\left|\sin(\theta-\varphi)\right|d\theta+\int_{\frac{\pi}{2}}^{\pi}\left|\sin(\theta-\varphi)\right|d\theta\right], & \varphi<-\frac{\pi}{6}\\ \frac{2}{\pi}U_e I_m\left[\int_{\varphi}^{\frac{\pi}{3}+\varphi}\left|\sin(\theta-\varphi)\right|d\theta+\int_{\frac{2\pi}{3}+\varphi}^{\pi+\varphi}\left|\sin(\theta-\varphi)\right|d\theta\right], & -\frac{\pi}{6}<\varphi<\frac{\pi}{6}\\ \frac{2}{\pi}U_e I_m\left[\int_0^{\frac{\pi}{2}}\left|\sin(\theta-\varphi)\right|d\theta+\int_{\frac{5\pi}{6}}^{\pi}\left|\sin(\theta-\varphi)\right|d\theta\right], & \varphi>\frac{\pi}{6}\end{cases} \tag{5.22}$$

由式（5.22)可知，PFA-DPWM 调制策略，在$-\pi/6<\varphi<\pi/6$区间，将跟随负载功率因数角φ变化，保持最小开关损耗；在$\varphi<-\pi/6$时，等效为 DPWM0 调制策略；在$\varphi>\pi/6$时，等效为 DPWM2 调制策略。

以 SVPWM 调制策略的开关损耗为基准，定义开关损耗函数$PU_{DPWMx}(\varphi)$：

$$PU_{DPWMx}(\varphi)=\frac{P_{loss(DPWMx)}(\varphi)}{P_{loss(SVPWM)}} \tag{5.23}$$

不同调制策略的开关损耗函数 $PU_{DPWMx}(\varphi)$如图 5.6 所示，可以看出，采用 PFA-DPWM 调制策略时，开关器件的开关损耗始终保持最低。在 $\varphi\in[-\pi/6,\pi/6]$ 时，PFA-DPWM 开关损耗恒为 SVPWM 连续调制模式开关损耗的 1/2。

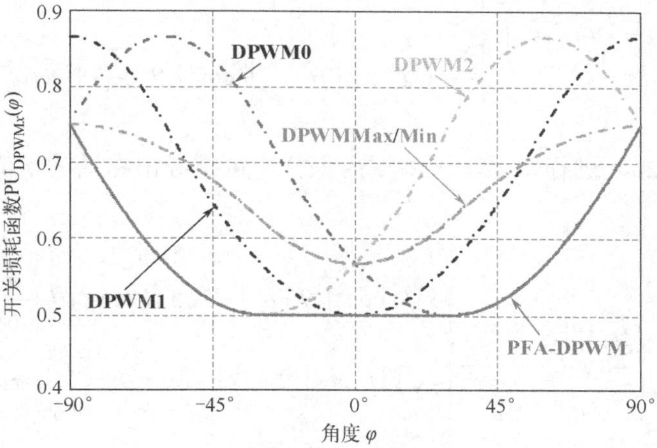

图 5.6 不同 PWM 调制策略的开关损耗函数对比

5.4 谐波畸变分析

谐波畸变情况是表征不同 PWM 调制策略的另一重要参数。根据文献[106]推导两电平三相逆变器谐波解析计算，任意相桥臂在半个载波区间上电流纹波的均方值可以表示为：

$$\langle \Delta i_{xy}{}^2 \rangle = \frac{T_s^2}{48}\left(\frac{U_{dc}}{L_\sigma}\right)^2 [(u_y-u_x)^2+(u_y-u_x)^3+(u_y-u_x)(u_y{}^3-u_x{}^3)] \tag{5.24}$$

式中，x、$y\in\{a, b, c\}$，且 $x\neq y$；$u_x=\dfrac{e_x}{U_{dc}}$，$u_y=\dfrac{e_y}{U_{dc}}$，e_x 为输出电压；L_σ 为逆变器输出与负载之间等效电感；T_s 为开关周期。

以 u_x、u_y 分别为 a 相和 b 相电压为例，分析 SPWM 调制策略的电流纹波，则有：

$$\begin{cases} u_x = M\cos\theta \\ u_y = M\cos\left(\theta-\dfrac{2\pi}{3}\right) \end{cases} \tag{5.25}$$

式中，M 为调制比。

将式（5.25）代入式（5.24），可推得：

$$\langle \Delta i_{xy}{}^{2} \rangle = \frac{T_{\mathrm{s}}{}^{2}}{48}\left(\frac{U_{\mathrm{dc}}}{L_{\sigma}}\right)^{2}\left\{\begin{aligned}&3M^{2}\cos^{2}\left(\theta+\frac{\pi}{6}\right)-3\sqrt{3}M^{3}\cos^{3}\left(\theta+\frac{\pi}{6}\right)\\&-\sqrt{3}M^{4}\cos\left(\theta+\frac{\pi}{6}\right)\left[\cos^{3}\left(\theta-\frac{2\pi}{3}\right)-\cos^{3}\theta\right]\end{aligned}\right\} \tag{5.26}$$

对式（5.26）进行正半基波周期内积分，可推导出总谐波电流平方的平均值表达式为：

$$I_{xy,\mathrm{Hrms}}^{2} = \frac{1}{\pi}\times\frac{T_{\mathrm{s}}{}^{2}}{48}\left(\frac{U_{\mathrm{dc}}}{L_{\sigma}}\right)^{2}\int_{-\frac{2\pi}{3}}^{\frac{\pi}{3}}\left\{\begin{aligned}&3M^{2}\cos^{2}\left(\theta+\frac{\pi}{6}\right)-3\sqrt{3}M^{3}\cos^{3}(\theta+\frac{\pi}{6})\\&-\sqrt{3}M^{4}\cos\left(\theta+\frac{\pi}{6}\right)\left[\cos^{3}\left(\theta-\frac{2\pi}{3}\right)-\cos^{3}\theta\right]\end{aligned}\right\}\mathrm{d}\theta \tag{5.27}$$

进一步化简式（5.27），可得总谐波电流平方的平均值为：

$$I_{xy,\mathrm{Hrms}}^{2} = \frac{T_{\mathrm{s}}^{2}}{48}\left(\frac{U_{\mathrm{dc}}}{L_{\sigma}}\right)^{2}\left(\frac{3}{2}M^{2}-\frac{4\sqrt{3}}{\pi}M^{3}+\frac{9}{8}M^{4}\right) \tag{5.28}$$

由式(5.28)可知，总谐波电流平方的平均值 $I_{xy,\mathrm{Hrms}}^{2}$ 是关于调制比 M 的函数。定义 SPWM 调制策略的谐波畸变函数 $F_{\mathrm{SPWM}}(M)$，它与开关频率、直流母线电压及负载电感无关。其表达式为：

$$F_{\mathrm{SPWM}}(M)=\frac{3}{2}M^{2}-\frac{4\sqrt{3}}{\pi}M^{3}+\frac{9}{8}M^{4} \tag{5.29}$$

同理，可推导出其余 PWM 调制策略的谐波畸变函数 $F(M)$表达式如下。

SVPWM 的谐波畸变函数为：

$$F_{\mathrm{SVPWM}}(M)=\frac{3}{2}M^{2}-\frac{4\sqrt{3}}{\pi}M^{3}+\frac{9}{8}\left(\frac{3}{2}-\frac{9\sqrt{3}}{8\pi}\right)M^{4} \tag{5.30}$$

DPWM-Max/Min、DPWM0、DPWM2 的谐波畸变函数为：

$$F_{\mathrm{DPWM0/2/Max/Min}}(M)=6M^{2}-\frac{35\sqrt{3}}{2\pi}M^{3}+\left(\frac{27}{8}+\frac{81\sqrt{3}}{64\pi}\right)M^{4} \tag{5.31}$$

DPWM1 的谐波畸变函数为：

$$F_{\mathrm{DPWM1}}(M)=6M^2-\frac{45+8\sqrt{3}}{2\pi}M^3+\left(\frac{27}{8}+\frac{27\sqrt{3}}{32\pi}\right)M^4 \qquad (5.32)$$

以 $\varphi=\pi/12$ 为例，可推导 PFA-DPWM 的谐波畸变函数为：

$$F_{\mathrm{PFA\_DPWM}}(M)=6\pi M^2-\frac{27+54\sqrt{3}}{4\pi}M^3+\frac{81\sqrt{3}+216\pi}{64}M^4 \qquad (5.33)$$

根据式（5.29）～式（5.33），将不同 PWM 调制策略的谐波畸变函数 $F(M)$ 绘制成曲线，如图 5.7 所示。

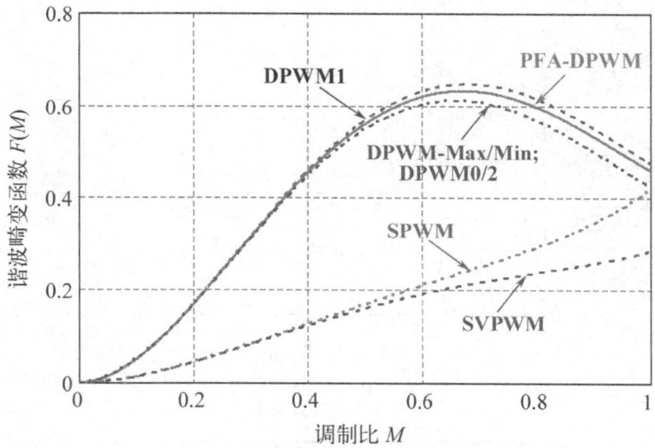

彩图

图 5.7 不同两电平 PWM 策略的谐波畸变函数对比

由图 5.7 可以看出，本书提出的两电平 PFA-DPWM 调制策略，在实现最小开关损耗的前提下，其谐波畸变函数介于 $F_{\mathrm{DPWM0/2/Max/Min}}(M)$和 $F_{\mathrm{DPWM1}}(M)$之间，整体谐波性能优于 DPWM1 调制策略。

5.5 三电平逆变器载波调制

逆变器 PWM 调制的基本原理是将输出电压调制波与载波相比较，控制各相桥臂开关管的开通或关断，使相电压在各电平间切换，产生一系列的电压脉冲。各相输出电压除期望的基波成分外，还有大量由开关过程带来的一系列谐波成分。因此，获知谐波成分的分布规律及大小，对于载波调制策略的选择以及滤波器的设计等方面有着重要意义。常见载波调制策略分为锯齿载波和三角载波两类，三角载波具有更好的谐波消除性能被广泛应用。针对三角载波调制方式，通过双重傅里叶级数分解，定量分析不同载波调制的相电压谐波分量。

多电平逆变器的三角载波调制方式有以下三种：

① 同相层叠（PD）：各载波以相同相位上下排列叠加；

② 正负反相层叠（POD）：参考零点的上、下层载波相位相差180°；

③ 交替反相层叠（APOD）：相邻层载波相位相差180°。

针对三电平逆变器，POD和APOD两种载波调制方式完全等效。各三角载波与调制波的关系如图5.8所示。

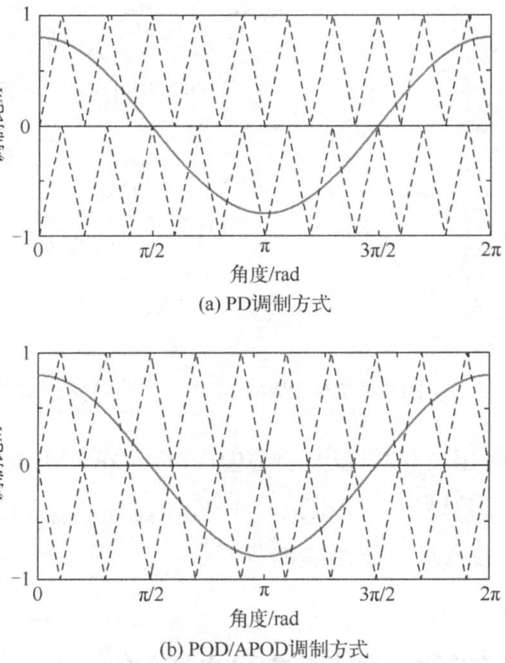

(a) PD调制方式

(b) POD/APOD调制方式

图5.8 三电平逆变器不同三角载波调制方式示意图

根据图5.8，定义载波函数$f_{s+}(x)$、$f_{s-}(x)$和调制波函数$f_m(y)$，如表5.1所示；PD调制方式相电压开关函数$f_{PD}(x,y)$，如表5.2所示；POD/APOD调制方式相电压开关函数$f_{POD/APOD}(x,y)$，如表5.3所示。

由于电压开关函数$f_{POD/APOD}(x,y)$是一个二元输入函数，无法采用传统傅里叶展开，因此引入二重傅里叶级数理论，其展开式为：

表 5.1 载波函数 $f_{s+}(x)$、$f_{s-}(x)$和调制波函数 $f_m(y)$定义

调制方式	$f_{s+}(x)$	$f_{s-}(x)$	$f_m(y)$
PD	$\begin{cases}\frac{x}{\pi} & 0<x\leqslant\pi\\ -\frac{x}{\pi} & -\pi\leqslant x\leqslant 0\end{cases}$	$\begin{cases}-1+\frac{x}{\pi} & 0<x\leqslant\pi\\ -1-\frac{x}{\pi} & -\pi\leqslant x\leqslant 0\end{cases}$	$M\cos y$
POD/APOD	$\begin{cases}\frac{x}{\pi} & 0<x\leqslant\pi\\ -\frac{x}{\pi} & -\pi\leqslant x\leqslant 0\end{cases}$	$\begin{cases}-\frac{x}{\pi} & 0<x\leqslant\pi\\ \frac{x}{\pi} & -\pi\leqslant x\leqslant 0\end{cases}$	$M\cos y$

注：$x=\omega_s t$、$y=\omega_m t+\theta_m$（ω 表示角频率，θ 表示相位）。

表 5.2 PD 调制方式相电压开关函数 $f_{PD}(x,y)$

$f_{PD}(x,y)$	$-\pi\leqslant x\leqslant 0$	$0<x\leqslant\pi$
$\frac{V_{dc}}{2}$	$M\cos y>-\frac{x}{\pi}$	$M\cos y>\frac{x}{\pi}$
0	$-\frac{x}{\pi}>M\cos y>-1-\frac{x}{\pi}$	$\frac{x}{\pi}>M\cos y>-1+\frac{x}{\pi}$
$-\frac{V_{dc}}{2}$	$M\cos y<-1-\frac{x}{\pi}$	$M\cos y<-1+\frac{x}{\pi}$

表 5.3 POD/APOD 调制方式相电压开关函数 $f_{POD/APOD}(x,y)$

$f_{POD/APOD}(x,y)$	$-\pi\leqslant x\leqslant 0$	$0<x\leqslant\pi$
$\frac{V_{dc}}{2}$	$M\cos y>-\frac{x}{\pi}$	$M\cos y>\frac{x}{\pi}$
0	$-\frac{x}{\pi}>M\cos y>\frac{x}{\pi}$	$\frac{x}{\pi}>M\cos y>-\frac{x}{\pi}$
$-\frac{V_{dc}}{2}$	$M\cos y<\frac{x}{\pi}$	$M\cos y<-\frac{x}{\pi}$

$$\begin{aligned}f(x,y)=&\frac{a_{00}}{2}+\sum_{n=1}^{\infty}\{a_{0n}\cos[n(\omega_0 t+\theta_0)]+b_{0n}\sin[n(\omega_0 t+\theta_0)]\}\\&+\sum_{m=1}^{\infty}\{a_{m0}\cos[m(\omega_s t+\theta_s)]+b_{m0}\sin[m(\omega_s t+\theta_s)]\}\\&+\sum_{m=1}^{\infty}\sum_{n=\pm1}^{\pm\infty}\begin{Bmatrix}a_{mn}\cos[m(\omega_s t+\theta_s)+n(\omega_0 t+\theta_0)]\\+b_{mn}\sin[m(\omega_s t+\theta_s)+n(\omega_0 t+\theta_0)]\end{Bmatrix}\end{aligned} \tag{5.34}$$

式中，$a_{mn}=\frac{1}{2\pi^2}\int_{-\pi}^{\pi}\int_{-\pi}^{\pi}f(x,y)\cos(mx+ny)\mathrm{d}x\mathrm{d}y$；$b_{mn}=\frac{1}{2\pi^2}\int_{-\pi}^{\pi}\int_{-\pi}^{\pi}f(x,y)\sin(mx+ny)\mathrm{d}x\mathrm{d}y$。

由此，采用式（5.34）的二重傅里叶级数方法对 PD 和 POD/APOD 两种载

波调制方式进行谐波分析，可以推导出三电平 PD 调制方式的相电压谐波分量表达式为：

$$f_{\mathrm{PD}}(x,y)=\frac{V_{\mathrm{dc}}M\cos(\omega_{\mathrm{o}}t+\theta_{\mathrm{o}})}{2}+\frac{4V_{\mathrm{dc}}}{\pi^2}\sum_{m=1}^{\infty}\frac{1}{2m-1}\sum_{k=1}^{\infty}\frac{J_{2k-1}[(2m-1)\pi M]}{2k-1}\cos[(2m-1)\omega_{\mathrm{s}}t]$$
$$+\frac{V_{\mathrm{dc}}}{\pi^2}\sum_{m=1}^{\infty}\frac{1}{2m}\sum_{n=-\infty}^{\infty}J_{2n+1}(2m\pi M)\cos(n\pi)\cos[2m\omega_{\mathrm{s}}t+(2n+1)(\omega_{\mathrm{o}}t+\theta_{\mathrm{o}})]$$
$$+\frac{4V_{\mathrm{dc}}}{\pi^2}\sum_{m=1}^{\infty}\frac{1}{2m-1}\sum_{\substack{n=-\infty\\(n\neq 0)}}^{\infty}\sum_{k=1}^{\infty}\left\{\frac{J_{2k-1}[(2m-1)\pi M](2k-1)}{(2k-1+2n)(2k-1-2n)}\cos(n\pi)\cos[(2m-1)\omega_{\mathrm{s}}t+2n(\omega_{\mathrm{o}}t+\theta_{\mathrm{o}})]\right\} \tag{5.35}$$

式中，J_k 为雅可比函数。

同样，可以推导三电平 POD/APOD 载波调制的相电压谐波分量表达式为：

$$f_{\mathrm{POD/APOD}}(x,y)=\frac{V_{\mathrm{dc}}M\cos(\omega_{\mathrm{o}}t+\theta_{\mathrm{o}})}{2}$$
$$+\frac{V_{\mathrm{dc}}}{\pi^2}\sum_{m=1}^{\infty}\frac{1}{m}\sum_{\substack{n=-\infty\\(n\neq 0)}}^{\infty}J_{2n+1}(m\pi M)\cos(n\pi)\cos[m\omega_{\mathrm{s}}t+(2n+1)(\omega_{\mathrm{o}}t+\theta_{\mathrm{o}})] \tag{5.36}$$

根据式（5.35)和式（5.36)，三电平 a 相和 b 相之间线电压 $f_{\mathrm{ab}}(x,y)$的谐波分量表达式为：

$$f_{\mathrm{ab}}(x,y)=f_{\mathrm{a}}(x,y)-f_{\mathrm{b}}(x,y) \tag{5.37}$$

在调制比 M=0.8 和载波比 $f_{\mathrm{s}}/f_{\mathrm{o}}$=50 的条件下（$f_{\mathrm{s}}$ 为开关频率，f_{o} 为基波频率），采用 PD 和 POD/APOD 调制方式，a 相电压频谱如图 5.9 所示，ab 线电压频谱如图 5.10 所示。

由式（5.35）、图 5.9 和图 5.10 可知，PD 调制方式谐波成分具有以下特点：

① 相电压含有大量的载波频率谐波成分，并且为共模分量。因此，线电压的共模载波谐波成分将被相互抵消。

② 奇次载波倍频周围含有偶次边带的谐波，同样偶次载波倍频周围含有奇次边带的谐波。

同样，由式（5.36）、图 5.9 和图 5.10 可知，POD/APOD 调制方式谐波成分具有以下特点：

① 相电压频谱中没有奇次载波频率谐波成分，仅有其边带谐波成分，谐波能量分散到边带谐波成分中。

② 偶次载波附近的奇次边带谐波与 PD 调制方式一致。

综上，对比图 5.9 和图 5.10 可知，PD 载波调制方式和 POD/APOD 载波调制方式的相电压 THD 基本相同，而 PD 载波调制方式的线电压 THD 明显低于 POD/APOD 载波调制方式。产生这种现象的主要原因：POD/APOD 调制方式的

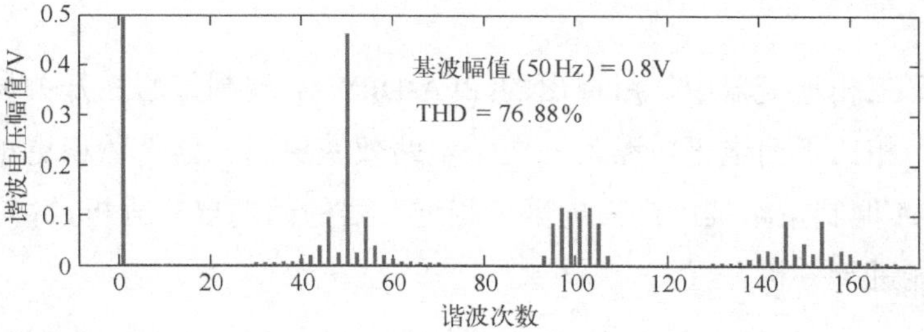

(a) PD

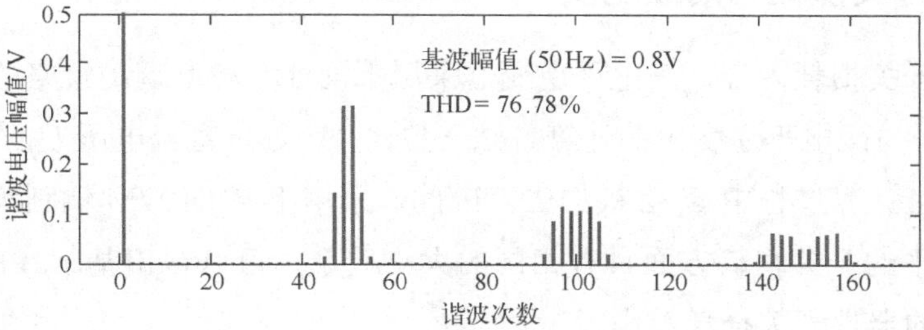

(b) POD/APOD

图 5.9　M=0.8、f_s/f_o=50 时 PD 和 POD/APOD 调制方式 a 相电压频谱

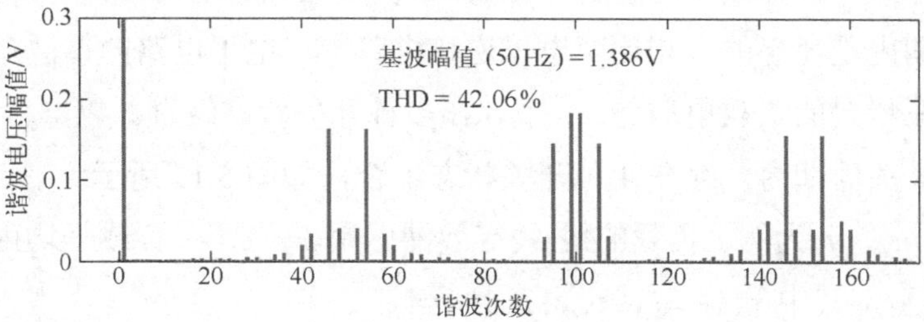

(a) PD

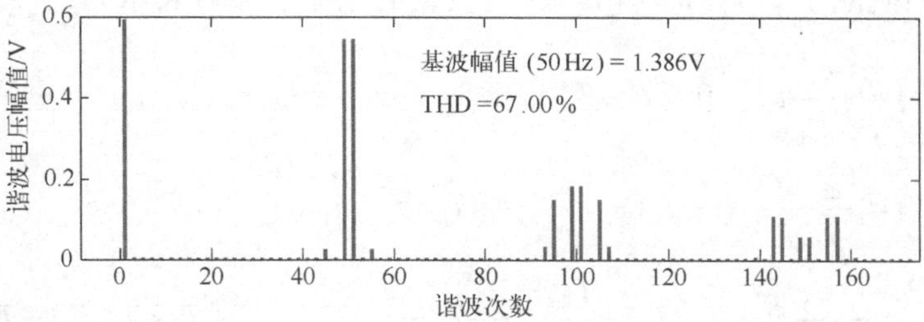

(b) POD/APOD

图 5.10　M=0.8、f_s/f_o=50 时 PD 和 POD/APOD 调制方式 ab 线电压频谱

线电压谐波成分中仅有载波的三倍频边带谐波被抵消，保留了更多的谐波能量。因此，三电平三相逆变器采用 PD 调制方式具有更好的线电压谐波特性。

5.6 三电平功率因数自适应 DPWM 调制策略

两电平三相逆变器中，所提出的 PFA-DPWM 调制策略在开关损耗上具有较大优势。相比于两电平电路，三电平电路效率更高、器件体积更小。针对将 PFA-DPWM 调制策略推广到三电平三相逆变器的问题展开分析，并对开关损耗和谐波性能进行分析。

5.6.1 开关损耗与谐波畸变

针对开关损耗内容，三电平逆变器采用不同 DPWM 调制策略的开关损耗计算方法，与两电平逆变器的计算方法一致，仅在等效直流电压 U_e 的形式上有所区别，且计算过程中 U_e 会被约去。因此，采用不同 DPWM 调制策略，三电平和两电平的开关损耗方面具有相同的大小关系，可以得出基于 PFA-DPWM 调制策略的器件开关损耗最小。

针对谐波畸变内容，参照两电平电流谐波损耗计算方法，推导三电平 PD 载波调制方式下的谐波损耗解析计算公式。假设负载的平均内部电动势 e_{xy} 在一个开关周期内是恒定的。相比两电平逆变电路，三电平电路的谐波畸变分析更为复杂，在特定的负载电动势 e_{xy} 下存在多种开关状态组合。以 $e_{xy}>0$ 为例，一个载波开关周期内，存在 4 种开关状态组合，如图 5.11 所示。

以 $0>u_x>u_y$ 为例，负载的线-线等效漏感用 L_σ 表示，负载平均内部电动势用 e_{xy} 来表示，其中 x、$y\in\{a, b, c\}$，且 $x\neq y$。

在时间间隔 T_1、T_2 和 T_3 内，流过负载的电流纹波可表示为：

$$\begin{cases}\Delta i_{xy}(t)=-\dfrac{e_{xy}}{L_\sigma}t, & 0\leqslant t\leqslant T_1\\ \Delta i_{xy}(t)=\dfrac{V_{dc}-e_{xy}}{L_\sigma}(t-T_1)-\dfrac{e_{xy}}{L_\sigma}T_1, & T_1<t\leqslant T_1+T_2\\ \Delta i_{xy}(t)=-\dfrac{e_{xy}}{L_\sigma}(t-T_1-T_2)+\dfrac{V_{dc}-e_{xy}}{L_\sigma}T_2-\dfrac{e_{xy}}{L_\sigma}T_1, & T_1+T_2<t\leqslant T_1+T_2+T_3\end{cases} \tag{5.38}$$

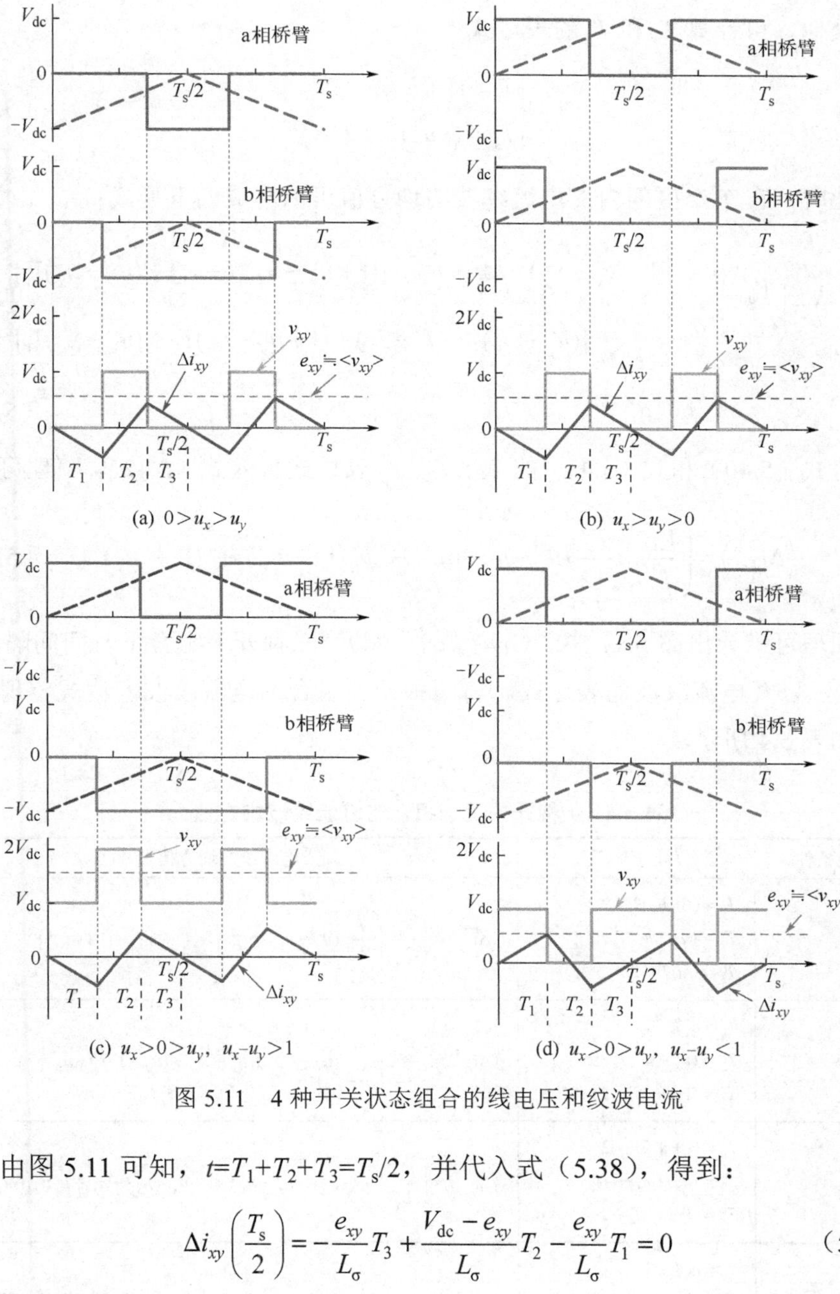

图 5.11 4 种开关状态组合的线电压和纹波电流

由图 5.11 可知，$t=T_1+T_2+T_3=T_s/2$，并代入式（5.38），得到：

$$\Delta i_{xy}\left(\frac{T_s}{2}\right)=-\frac{e_{xy}}{L_\sigma}T_3+\frac{V_{dc}-e_{xy}}{L_\sigma}T_2-\frac{e_{xy}}{L_\sigma}T_1=0 \tag{5.39}$$

根据式（5.39），化简得到：

$$T_2=(u_x-u_y)T_s/2 \tag{5.40}$$

式中，$u_x=\dfrac{e_x}{V_{dc}}$；$u_y=\dfrac{e_y}{V_{dc}}$。则 $u_x-u_y=\dfrac{e_{xy}}{V_{dc}}$（$x$、$y\in\{a, b, c\}$，且 $x\neq y$）。

类似，可计算 T_1 和 T_3 的表达式：

$$\begin{cases} T_1 = (1+u_y)T_s/2 \\ T_3 = (-u_x)T_s/2 \end{cases} \tag{5.41}$$

此时，在 $T_s/2$ 区间内的电流纹波的均方值可以写成如下形式：

$$\left\langle \Delta i_{xy}{}^2 \right\rangle = \left(\frac{V_{dc}}{L_\sigma}\right)^2 \frac{2}{T_s} \begin{Bmatrix} \int_0^{T_1} (u_y-u_x)^2 t^2 \mathrm{d}t + \int_{T_1}^{T_1+T_2} [(1+u_y-u_x)(t-T_1)+(u_y-u_x)T_1]^2 \mathrm{d}t \\ + \int_{T_1+T_2}^{T_s} [(u_y-u_x)(t-T_1-T_2)+(1+u_y-u_x)T_2+(u_y-u_x)T_1]^2 \mathrm{d}t \end{Bmatrix} \tag{5.42}$$

将式（5.40）和式（5.41）的 T_1、T_2、T_3 表达式代入式（5.42），整理可得：

$$\left\langle \Delta i_{xy}{}^2 \right\rangle = \left(\frac{V_{dc}}{L_\sigma}\right)^2 \frac{T_s^2}{12}(u_x-u_y)^2[u_x{}^2 + u_x(1+u_y) + (1+u_y)^2] \tag{5.43}$$

同理可推导出图 5.11 中“（b）、（c）、（d）”三种开关组合下时间间隔 T_1、T_2、T_3，以及电流纹波的表达式。将四种开关组合的电流纹波表达式整理成表格，如表 5.4 所示。

表 5.4　4 种开关状态组合的电流纹波均方值

满足条件	T_1、T_2、T_3	电流纹波均方值
$0>u_x>u_y$	$T_1=(1+u_y)T_s/2$ $T_2=(u_x-u_y)T_s/2$ $T_3=-u_xT_s/2$	$\langle \Delta i_{xy}{}^2\rangle = \left(\frac{V_{dc}}{L_\sigma}\right)^2 \frac{T_s^2}{12}(u_x-u_y)^2[u_x{}^2+u_x(1+u_y)+(1+u_y)^2]$
$u_x>u_y>0$	$T_1=u_yT_s/2$ $T_2=(u_x-u_y)T_s/2$ $T_3=(1-u_x)T_s/2$	$\langle \Delta i_{xy}{}^2\rangle = \left(\frac{V_{dc}}{L_\sigma}\right)^2 \frac{T_s^2}{12}(u_x-u_y)^2[(u_x-1)^2+(u_x-1)u_y+u_y{}^2]$
$u_x>0>u_y$ 且$u_x-u_y>1$	$T_1=(1+u_y)T_s/2$ $T_2=(u_x-u_y-1)T_s/2$ $T_3=(1-u_x)T_s/2$	$\langle \Delta i_{xy}{}^2\rangle = \left(\frac{V_{dc}}{L_\sigma}\right)^2 \frac{T_s^2}{12}(-1+u_x-u_y)^2(1-u_x+u_x{}^2+u_y+u_xu_y+u_y{}^2)$
$u_x>0>u_y$ 且$u_x-u_y<1$	$T_1=u_xT_s/2$ $T_2=(1-u_x+u_y)T_s/2$ $T_3=-u_yT_s/2$	$\langle \Delta i_{xy}{}^2\rangle = \left(\frac{V_{dc}}{L_\sigma}\right)^2 \frac{T_s^2}{12}(1-u_x+u_y)^2(u_x{}^2+u_xu_y+u_y{}^2)$

归纳整理 T_1、T_2、T_3 与 $\langle \Delta i_{xy}{}^2\rangle$ 的关系，可推导半个周期内电流纹波均方值的通用表达式为：

$$\langle \Delta i_{xy}{}^2 \rangle = \left(\frac{V_{dc}}{L_{\sigma}} \right)^2 \frac{T_s^2}{12} (T_2')^2 [(T_1')^2 - T_1' T_3' + (T_3')^2] \tag{5.44}$$

式中，$T_1' = 2T_1 / T_s$；$T_2' = 2T_2 / T_s$；$T_3' = 2T_3 / T_s$。

由上述推导过程可得，三电平逆变电路的电流纹波计算过程，需先根据三相电压判断满足的开关状态组合，进行分段计算，然后对半个周期内的各分段积分进行求和。以 SPWM 为例具体计算过程如下：

$$\begin{cases} u_x = M \sin\theta \\ u_y = M \sin\left(\theta - \dfrac{2\pi}{3}\right) \end{cases} \tag{5.45}$$

将式（5.45）代入表 5.4 中所对应电流纹波的均方值表达式，化简可得：

$$\begin{cases}
\left\langle \Delta i_{xy}{}^2 \right\rangle \Big|_{u_x \geqslant u_y \geqslant 0} = \dfrac{T_s^2}{12}\left(\dfrac{V_{dc}}{L_\sigma}\right)^2 \left(\begin{aligned} & \frac{12M^2+9M^4}{8} - \frac{12M^2+9M^4}{16}\cos(2\theta) + \frac{3\sqrt{3}M^3}{8}\cos(3\theta) - \frac{9M^3}{4}\sin\theta \\ & + \frac{12\sqrt{3}M^2+9\sqrt{3}M^4}{16}\sin(2\theta) + \frac{9M^3}{8}\sin(3\theta) \end{aligned} \right) \\
\left\langle \Delta i_{xy}{}^2 \right\rangle \Big|_{0 > u_x \geqslant u_y} = \dfrac{T_s^2}{12}\left(\dfrac{V_{dc}}{L_\sigma}\right)^2 \left(\begin{aligned} & \frac{12M^2+9M^4}{8} - \frac{9\sqrt{3}M^3}{8}\cos\theta - \frac{12M^2+9M^4}{16}\cos(2\theta) + \frac{3\sqrt{3}M^3}{8}\cos(3\theta) \\ & - \frac{9M^3}{8}\sin\theta + \frac{12\sqrt{3}M^2+9\sqrt{3}M^4}{16}\sin(2\theta) - \frac{9M^3}{8}\sin(3\theta) \end{aligned} \right) \\
\left\langle \Delta i_{xy}{}^2 \right\rangle \Big|_{1+u_y \geqslant u_x \geqslant 0 > u_y} = \dfrac{T_s^2}{12}\left(\dfrac{V_{dc}}{L_\sigma}\right)^2 \left(\begin{aligned} & \frac{6M^2+9M^4}{8} - \frac{3\sqrt{3}M^3}{4}\cos\theta - \frac{9M^4}{16}\cos(2\theta) - \frac{9M^3}{4}\sin\theta \\ & + \frac{9\sqrt{3}M^4}{16}\sin(2\theta) \end{aligned} \right) \\
\left\langle \Delta i_{xy}{}^2 \right\rangle \Big|_{u_x - u_y > 1} = \dfrac{T_s^2}{12}\left(\dfrac{V_{dc}}{L_\sigma}\right)^2 \left(\begin{aligned} & \frac{8+42M^2+9M^4}{8} - \frac{12\sqrt{3}M+15\sqrt{3}M^3}{8}\cos\theta - \frac{36M^2+9M^4}{16}\cos(2\theta) \\ & + \frac{3\sqrt{3}M^3}{4}\cos(3\theta) - \frac{36M+45M^3}{8}\sin\theta + \frac{36\sqrt{3}M^2+9\sqrt{3}M^4}{16}\sin(2\theta) \end{aligned} \right)
\end{cases} \tag{5.46}$$

与两电平逆变电路相比，三电平逆变电路的谐波电流分析更为复杂，谐波电流均方值的解析计算，还与调制比 M 有关，需分情况讨论。

将 $\langle \Delta i_{xy}{}^2 \rangle$ 在 $\theta \in \left[-\dfrac{\pi}{6}, \dfrac{5\pi}{6}\right]$ 区间内进行分段积分，可计算出总谐波电流平方的平均值表达式，当 $0 < M \leqslant \dfrac{\sqrt{3}}{3}$ 时有：

$$
\begin{aligned}
I_{xy,\mathrm{Hrms}}^2 &= \frac{1}{\pi}\int_{-\frac{\pi}{6}}^{\frac{5\pi}{6}} \langle \Delta i_{xy}{}^2 \rangle \ \mathrm{d}\theta \\
&= \frac{T_\mathrm{s}^2}{12\pi}\left(\frac{V_\mathrm{dc}}{L_\sigma}\right)^2 \left(\int_{-\frac{\pi}{6}}^{0} \langle \Delta i_{xy}{}^2 \rangle \Big|_{0>u_x\geqslant u_y} \mathrm{d}\theta + \int_{0}^{\frac{2\pi}{3}} \langle \Delta i_{xy}{}^2 \rangle \Big|_{1+u_y\geqslant u_x\geqslant 0>u_y} \mathrm{d}\theta + \int_{\frac{2\pi}{3}}^{\frac{5\pi}{6}} \langle \Delta i_{xy}{}^2 \rangle \Big|_{u_x\geqslant u_y\geqslant 0} \mathrm{d}\theta \right) \\
&= \frac{T_\mathrm{s}^2}{12\pi}\left(\frac{V_\mathrm{dc}}{L_\sigma}\right)^2 \left(\frac{4\pi-3\sqrt{3}}{4}M^2 - \frac{3+4\sqrt{3}}{2}M^3 + \frac{9\pi}{8}M^4 \right)
\end{aligned} \tag{5.47}
$$

当 $M>\dfrac{\sqrt{3}}{3}$ 时有：

$$
\begin{aligned}
I_{xy,\mathrm{Hrms}}^2 &= \frac{1}{\pi}\int_{-\frac{\pi}{6}}^{\frac{5\pi}{6}} \langle \Delta i_{xy}{}^2 \rangle \mathrm{d}\theta \\
&= \frac{T_\mathrm{s}^2}{12\pi}\left(\frac{V_\mathrm{dc}}{L_\sigma}\right)^2 \left(\int_{-\frac{\pi}{6}}^{0} \langle \Delta i_{xy}{}^2 \rangle \Big|_{0>u_x\geqslant u_y} \mathrm{d}\theta + \int_{0}^{-\frac{\pi}{6}+\arcsin\frac{1}{\sqrt{3}M}} \langle \Delta i_{xy}{}^2 \rangle \Big|_{1+u_y\geqslant u_x\geqslant 0>u_y} \mathrm{d}\theta \right. \\
&\quad \left. + \int_{-\frac{\pi}{6}+\arcsin\frac{1}{\sqrt{3}M}}^{\frac{5\pi}{6}-\arcsin\frac{1}{\sqrt{3}M}} \langle \Delta i_{xy}{}^2 \rangle \Big|_{u_x-u_y>1} \mathrm{d}\theta + \int_{\frac{5\pi}{6}-\arcsin\frac{1}{\sqrt{3}M}}^{\frac{2\pi}{3}} \langle \Delta i_{xy}{}^2 \rangle \Big|_{1+u_y\geqslant u_x\geqslant 0>u_y} \mathrm{d}\theta + \int_{\frac{2\pi}{3}}^{\frac{5\pi}{6}} \langle \Delta i_{xy}{}^2 \rangle \Big|_{u_x\geqslant u_y\geqslant 0} \mathrm{d}\theta \right) \\
&= \frac{T_\mathrm{s}^2}{12\pi}\left(\frac{V_\mathrm{dc}}{L_\sigma}\right)^2 \left[(2+9M^2)\arccos\left(\frac{1}{\sqrt{3}M}\right) + \frac{3\pi}{4}M^2 + \frac{-3\sqrt{3}+4\pi}{4}M^2 - \frac{3+4\sqrt{3}}{2}M^3 \right. \\
&\quad \left. - \left(\frac{11}{3}+4M^2\right)\sqrt{3M^2-1} + \frac{9\pi}{8}M^4 \right]
\end{aligned} \tag{5.48}
$$

由式（5.47）和式（5.48），可得三电平逆变电路的谐波畸变函数 $F(M)$表达式为：

$$
F_\mathrm{SPWM}(M) = \begin{cases} \dfrac{4\pi-3\sqrt{3}}{4}M^2 - \dfrac{3+4\sqrt{3}}{2}M^3 + \dfrac{9\pi}{8}M^4 & 0<M\leqslant\dfrac{\sqrt{3}}{3} \\ (2+9M^2)\arccos\dfrac{1}{\sqrt{3}M} + \dfrac{3\pi}{4}M^2 + \dfrac{-3\sqrt{3}+4\pi}{4}M^2 & \\ -\dfrac{3+4\sqrt{3}}{2}M^3 - \left(\dfrac{11}{3}+4M^2\right)\sqrt{3M^2-1} + \dfrac{9\pi}{8}M^4 & M>\dfrac{\sqrt{3}}{3} \end{cases} \tag{5.49}
$$

其他类型 PWM 调制策略的推导过程类似，但 $F(M)$表达式更为复杂，公式化简较为困难，需借用数学辅助软件进行算法推导。

将不同 PWM 调制策略的谐波畸变函数 $F(M)$绘制成曲线，如图 5.12 所示。由图 5.12 可以看出，本文所提出的 PFA-DPWM 调制策略，在三电平逆变电路中，具有最小的开关损耗，同时兼顾谐波性能，谐波畸变函数介于 $F_\mathrm{DPWM0}(M)$

和 $F_{DPWM2}(M)$之间，低调制比时谐波性能优于 DPWM2，高调制比时优于 DPWM0。

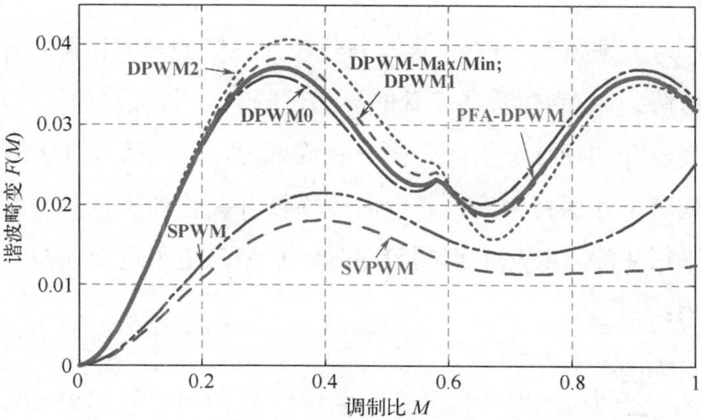

图 5.12　不同三电平 PWM 策略的谐波畸变函数对比

5.6.2　损耗模型与效率

类比上述损耗分析方法，逆变器损耗主要包括开关管损耗和磁元件损耗。以单位功率因数为例，分析 T 型三电平逆变器的损耗模型，DPWM 调制策略的调制电压表达式为：

$$\begin{cases} u_a^* = u_a + u_z \\ u_b^* = u_b + u_z \\ u_c^* = u_c + u_z \\ u_z = \begin{cases} 1 - u_{max}, |u_{max}| > |u_{min}| \\ -1 - u_{min}, |u_{max}| < |u_{min}| \end{cases} \end{cases} \tag{5.50}$$

式中，u_{max}为u_a、u_b、u_c的最大值；u_{min}为u_a、u_b、u_c的最小值。

以 a 相为例，正负电平时间占比为：

$$D_{\pm 1} = \left| \frac{u_a^*}{U_M} \right| \tag{5.51}$$

式中，U_M为 a 相电压幅值。

零电平时间占比为：

$$D_0 = 1 - \left| \frac{u_a^*}{U_M} \right| \tag{5.52}$$

在一个工频周期内，a 相的导通损耗可以表示为：

$$P_{\mathrm{cond}} = f_{\mathrm{g}}\int_{0}^{1/f_{\mathrm{g}}}(v_{\mathrm{CE1}}D_{\pm1} + v_{\mathrm{CE0}}D_{0} + v_{\mathrm{D0}}D_{0})|i_{\mathrm{a}}(t)|\mathrm{d}t \tag{5.53}$$

式中，f_{g} 为工频频率 50Hz；v_{CE1} 为竖桥开关管的导通压降；v_{CE0} 为横桥开关管的导通压降；v_{D0} 为横桥二极管的导通压降。

针对逆变器开关损耗分析，一个开关周期内，开关管在 1/3 开关周期内不动作，上管或者下管保持常通，其余时刻横桥开关管和竖桥开关管各切换一次开关状态。采用 PFA-DPWM 调制策略时，T 型三电平逆变器单个桥臂的开关损耗可表示为：

$$\begin{aligned}P_{\mathrm{sw}} = 2f_{\mathrm{g}}&\sum_{n=1}^{f_{\mathrm{s}}/(6f_{\mathrm{g}})}[E_{\mathrm{on1}}(n) + E_{\mathrm{off1}}(n) + E_{\mathrm{rr1}}(n) + E_{\mathrm{on0}}(n) + E_{\mathrm{off0}}(n) + E_{\mathrm{rr0}}(n)]\\ &+2f_{\mathrm{g}}\sum_{n=f_{\mathrm{s}}/(3f_{\mathrm{g}})}^{f_{\mathrm{s}}/(2f_{\mathrm{g}})}[E_{\mathrm{on1}}(n) + E_{\mathrm{off1}}(n) + E_{\mathrm{rr1}}(n) + E_{\mathrm{on0}}(n) + E_{\mathrm{off0}}(n) + E_{\mathrm{rr0}}(n)]\end{aligned} \tag{5.54}$$

式中，f_{s} 为开关频率；$E_{\mathrm{on1}}(n)$、$E_{\mathrm{off1}}(n)$和 $E_{\mathrm{rr1}}(n)$分别为竖桥第 n 个开关周期内的开通损耗、关断损耗和反向恢复损耗；$E_{\mathrm{on0}}(n)$、$E_{\mathrm{off0}}(n)$和 $E_{\mathrm{rr0}}(n)$分别为横桥第 n 个开关周期内的开通损耗、关断损耗和反向恢复损耗。

滤波电感损耗 P_{L} 主要包括铜损和铁损（由变压器厂家具体给出），逆变器的损耗包括开关管的导通损耗 P_{cond} 和开关损耗 P_{sw}、滤波电感损耗 P_{L}，可以表示为：

$$P_{\mathrm{inv}} = 3P_{\mathrm{cond}} + 3P_{\mathrm{sw}} + 3P_{\mathrm{L}} \tag{5.55}$$

通过三电平逆变器的主电路参数，根据逆变器损耗模型，基于 PFA-DPWM 三电平逆变器的损耗分布如图 5.13 所示。与传统 SVPWM 调制策略相比，基于 PFA-DPWM 调制策略的开关损耗 P_{sw} 和反向恢复损耗 P_{rr} 大幅减小，但二极管导通损耗略有增加，总损耗显著降低。

针对不同负载功率条件，SVPWM 和 PFA-DPWM 调制策略的效率对比曲线如图 5.14 所示。可以看出，满载时，SVPWM 调制策略的效率为 98.1%，PFA-DPWM 调制策略的效率达到 98.3%，效率提升 0.2%。据此可知，DPWM 调制在全负载范围内效率均优于 SPWM 调制。

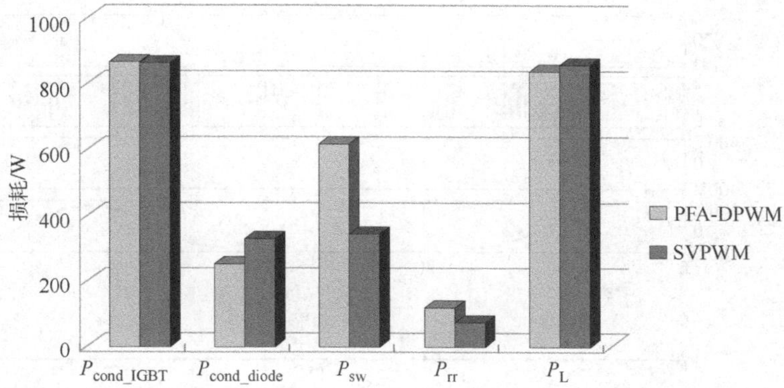

图 5.13 SVPWM 和 PFA-DPWM 调制策略的损耗分布对比

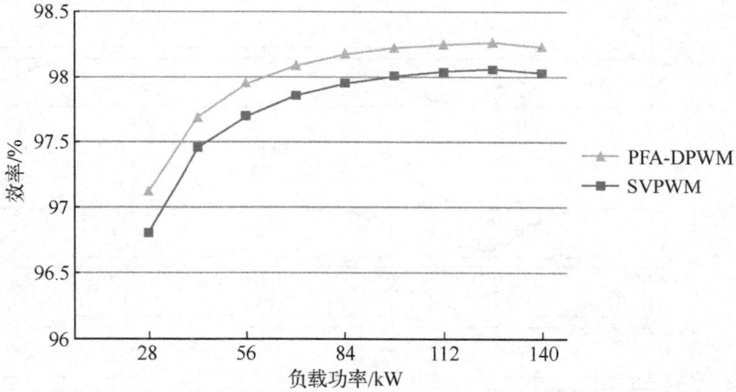

图 5.14 SVPWM 和 PFA-DPWM 调制策略的效率曲线

5.7 实验结果

针对 PFA-DPWM 调制策略与传统 DPWM 调制策略进行对比分析，分别从仿真与实验两个角度完成。验证采用 PFA-DPWM 算法，开关管调制电压跟随负载功率因数角的改变而变化，实时负载电流绝对值的最大区域内开关管不工作。

5.7.1 两电平仿真结果

图 5.15 为采用 PFA-DPWM 控制策略的三相两电平逆变器仿真波形，其中图 5.15（a）、图 5.15（b）和图 5.15（c）分别对应 φ=0、φ=π/12 和 φ=π/6 的仿真情况。

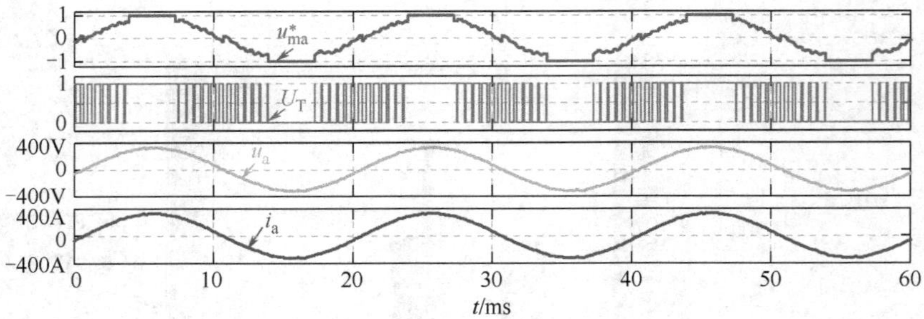

(a) φ=0

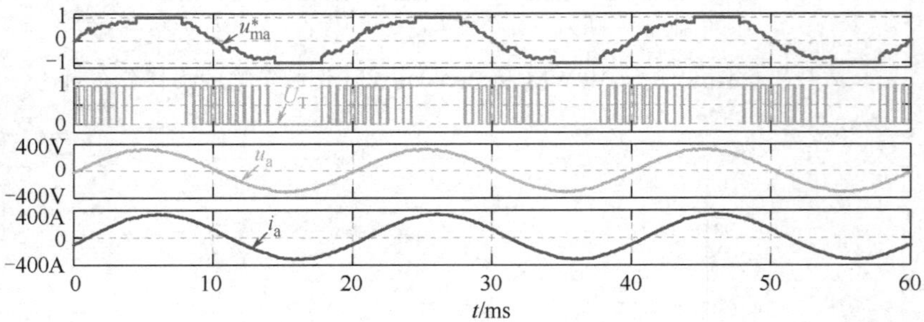

(b) φ=π/12

彩图

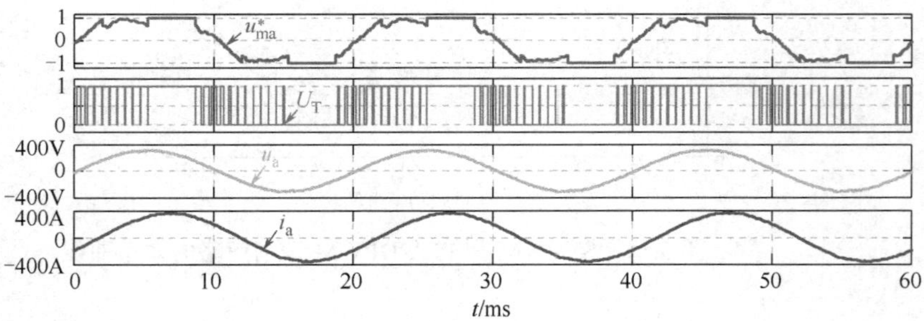

(c) φ=π/6

图 5.15　不同负载功率因数时两电平 PFA-DPWM 算法仿真波形

由图 5.15 可以看出，在三相两电平逆变器场合，采用 PFA-DPWM 算法，开关管调制波形的不工作区域，跟随负载功率因数角的改变而变化，实时跟踪负载电流绝对值的最大区域。

5.7.2　三电平仿真结果

针对三电平调制策略，搭建仿真平台。图 5.16 为采用 PFA-DPWM 调制策略的三电平三相逆变仿真波形，其中图 5.16（a）、（b）和（c）分别对应负载功率因数角 φ=0、φ=π/12 和 φ=π/6 的 a 相仿真情况。可以看出，采用 PFA-DPWM 调制策略可以实时跟踪负载电流绝对值的最大区域，开关器件在电流最大 1/3

开关周期区域内不动作，达到最小开关损耗，同时具有良好的输出电压控制效果。

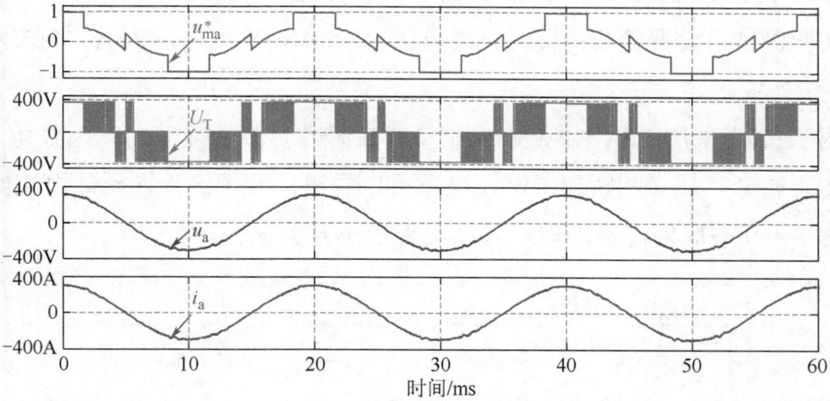

(a) φ=0

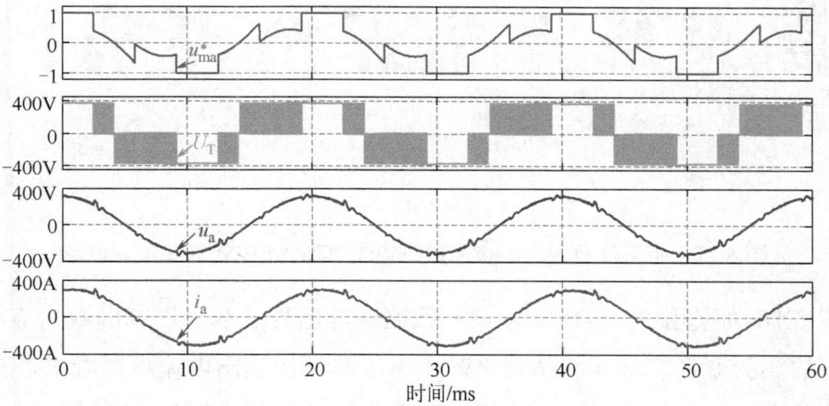

(b) $\varphi=\pi/12$

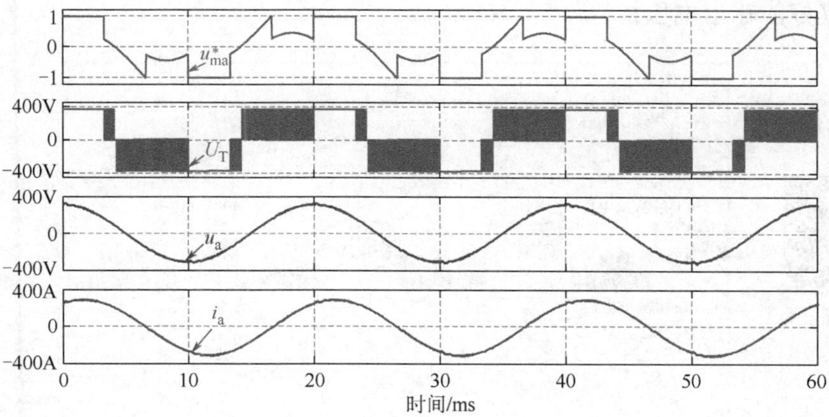

(c) $\varphi=\pi/6$

图 5.16 不同负载功率因数时三电平 PFA-DPWM 策略仿真波形

5.7.3 实验结果

针对 PFA-DPWM 调制策略的测试问题，通过 T 型三电平逆变器平台进行满载实验测试，设置参数：直流母线电压为 750V，输出电压为 AC380V，电阻负载为 25kW。

图 5.17 为采用 PFA-DPWM 调制策略在阻性负载情况（功率因数角 φ=0°）下的实验波形。从 a 相桥臂 PWM 电压可以看出，开关器件在负载电流绝对值最大的 1/3 开关周期内不动作，可以实现最小开关损耗。

彩图

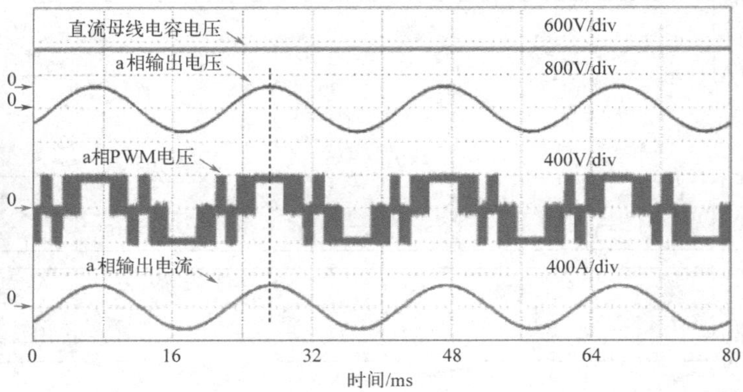

图 5.17　带阻性负载（φ=0°）的三电平 PFA-DPWM 算法实验波形

图 5.18 为采用 PFA-DPWM 调制策略在非阻性负载（功率因数角 φ=30°）情况下的实验波形。从 a 相桥臂 PWM 电压和 a 相输出电流可以看出，开关器件在负载电流绝对值最大的 1/3 开关周期内不动作，实现最小开关损耗，同时具有良好的输出电压特性。

彩图

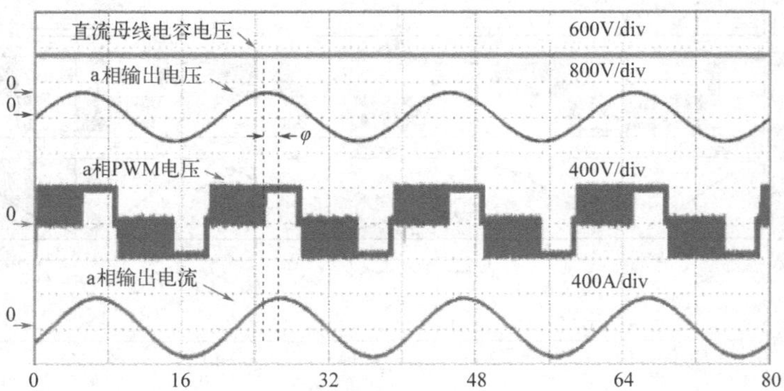

图 5.18　带非阻性负载（φ=30°）的三电平 PFA-DPWM 算法实验波形

5.8 小结

本章首先推导空间矢量调制的统一化数学模型，提出基于功率因数自适应的 DPWM 调制策略；接着针对不同两电平 DPWM 控制的开关损耗和谐波性能进行理论分析和对比，说明两电平 PFA-DPWM 控制策略原理为负载功率因数角 φ 在[−π/6,π/6]范围内，开关管在电流最大的 1/3 周期区间内保持不动作，开关管不动作区间跟随负载功率因数角 φ 移动，开关损耗恒为 SVPWM 开关损耗的 1/2,实现了最小开关损耗,同时谐波性能介于 $F_{\mathrm{DPWM0/2/Max/Min}}(M)$和 $F_{\mathrm{DPWM1}}(M)$之间；然后针对三电平应用场合，开展不同载波调制方式（PD、POD/APOD)的电压谐波分布规律及大小分析，推导得到同相层叠三电平 PD 载波调制具有更好的线电压谐波特性；之后，针对三电平连续与不连续空间矢量调制的谐波性能进行理论分析，三电平 PFA-DPWM 控制具有最小开关损耗，同时兼顾较好的谐波性能；最后建立仿真模型与实验平台，验证采用 PFA-DPWM 调制策略的逆变器效率达到 98.3%，与 SVPWM 调制策略相比，效率提升 0.2%。

参考文献

[1] 刘妮雅. 城市轨道交通行业的产业经济性分析[J]. 城市轨道交通研究, 2021, 24(09): 240-241.

[2] Cao X, Ding C, Yang J. Urban transport and land use planning: A synthesis of global knowledge[M]. State of Utah: Academic Press, 2022.

[3] 中国城市轨道交通协会. 城市轨道交通 2020 年度统计和分析报告[R]. 北京: 中国城市轨道交通协会, 2021.

[4] 包叙定. 我国城轨交通发展的现状、问题与瞻望[J]. 城市轨道交通, 2018(10): 16-21.

[5] 王喜文. 中国制造 2025 解读：从工业大国到工业巧国[M]. 北京: 机械工业出版社, 2015.

[6] 李文英, 鲁放. 城市轨道交通标准体系建设研究[J]. 都市快轨交通, 2021, 34(06): 155-159.

[7] 中国城市轨道交通协会. 中国城市轨道交通智慧城轨发展纲要[J]. 城市轨道交通, 2020(04): 8-23.

[8] 周晓勤. 中国城市轨道交通发展战略与“十四五”发展思路[J]. 城市轨道交通, 2020(11): 16-21.

[9] 汪鸣, 程世东. 城市轨道交通智慧化发展方向及实现途径[J]. 现代城市轨道交通, 2020(08): 8-11.

[10] 唐飞龙, 赖森华, 于青松. 系列化中国标准地铁列车综述[J]. 电力机车与城轨车辆, 2021, 44(05): 1-8.

[11] 马颖涛. 城市轨道交通车辆辅助逆变电源的发展趋势[J]. 城市轨道交通研究, 2017, 20(07): 90-93.

[12] 郭其一, 康劲松, 冯江华, 等. 轨道交通车辆牵引控制发展现状与趋势[J]. 电源学报, 2017, 15(02): 40-45.

[13] 曾明高, 严志勇, 张晓, 等. 地铁集成式辅助电源研制[J]. 机车电传动, 2014(1)：69-73.

[14] 梁建英. 基于三电平逆变器的静止辅助电源系统[J]. 内燃机车, 2004(03):28-34.

[15] 沈石秀, 向超群, 张璐琳, 等. 三电平地铁车辆能馈逆变器控制方法研究[J]. 铁道科学与工程学报, 2019, 16(11): 2843-2851.

[16] Deblecker O, Moretti A, Vallee F. Comparative study of soft-switched isolated DC-DC converters for auxiliary railway supply[J]. IEEE Transactions on Power Electronics, 2008, 23(5): 2218-2229.

[17] Maerz A, Bakran M. Designing a low weight low loss auxiliary converter for railway application[C]. International Exhibition and Conference for Power Electronics, Intelligent Motion, Renewable Energy and Energy Management, Nuremberg, 2014: 1-8.

[18] Mishima T, Koji Y. Zero voltage soft-switching phase-shift PWM controlled three-level DC-DC converter for railway auxiliary electric power unit[C]. IEEE Applied Power Electronics Conference and Exposition (APEC), 2019: 1716-1721.

[19] 徐德鸿, 陈治明, 李永东, 等. 现代电力电子学[M]. 北京: 机械工业出版社, 2013.

[20] Hua G, Lee F C, Jovanovic M M. An improved full-bridge zero-voltage-switched PWM converter using a saturable inductor[J]. IEEE Transactions on Power Electronics, 1993, 8(4): 530-534.

[21] Wu X, Li R, Cai X. A wide output voltage range LLC resonant converter based on topology reconfiguration method[J]. IEEE Journal of Emerging and Selected Topics in Power Electronics, 2022, 10(1): 969-983.

[22] Luo K, He X, Han P. Research on DC-DC converter for high speed train auxiliary power supply system [C].

IEEE 16th Conference on Industrial Electronics and Applications (ICIEA), 2021: 873-878.
[23] Musavi F, Craciun M, Gautam D S, et al. An LLC resonant DC-DC converter for wide output voltage range battery charging applications[J]. IEEE Transactions on Power Electronics, 2013, 28(12): 5437-5445.
[24] Jiang T, Zhang J, Wu X, et al. A bidirectional LLC resonant converter with automatic forward and backward mode transition[J]. IEEE Transactions on Power Electronics, 2015, 30(2): 757-770.
[25] 江添洋，张军明，汪槱生. 同步控制双向 LLC 谐振变换器[J]. 电工技术学报, 2015, 30(12): 87-96.
[26] 李浩昱，李振伟，赵雷，等. 宽输入 LLC 谐振变换器多电平控制策略[J]. 电工技术学报，2017，32(04): 48-57.
[27] Fu M, Fei C, Yang Y, et al. A GaN-based DC–DC module for railway applications: design consideration and high-frequency digital control[J]. IEEE Transactions on Industrial Electronics, 2020, 67(2): 1638-1647.
[28] Haga H, Kurokawa F. A novel modulation method of the full bridge three-level LLC resonant converter for battery charger of electrical vehicles[C]. 2015 IEEE Energy Conversion Congress and Exposition (ECCE), 2015: 5498-5504.
[29] Jabbari M, Kazemi H, Hematian N, et al. A novel resonant LLC soft-switching buck converter[C]. IEEE 23rd International Symposium on Industrial Electronics (ISIE), 2014: 370-374.
[30] Wang Z, Wu Z, Liu T, et al. A high efficiency and high power density integrated two-stage DC-DC converter based on bipolar symmetric phase shift modulation strategy[J]. IEEE Transactions on Power Electronics, 2022, 37(4): 4358-4373.
[31] Ocklenburg M, Dohmen M, Wu X, et al. Next generation DC-DC converters for auxiliary power supplies with SiC MOSFETs[C]. 2018 IEEE International Conference on Electrical Systems for Aircraft, Railway, Ship Propulsion and Road Vehicles & International Transportation Electrification Conference (ESARS-ITEC), 2018: 1-6.
[32] Helsper M, Ocklenburg M. SiC MOSFET based auxiliary power supply for rail vehicles[C]. 20th European Conference on Power Electronics and Applications (EPE'18 ECCE Europe), 2018: 1-8.
[33] 施玉祥，柳绪丹，邓成，等. Boost-LLC 高效率 DC/DC 变换器[J]. 电力电子技术, 2010, 44(8): 24-26.
[34] Lee I, Kang J, Lee J, et al. Design considerations of auxiliary power supply unit with SiC MOSFET for lightweight railway vehicles[C]. 2018 21st International Conference on Electrical Machines and Systems (ICEMS), 2018: 908-915.
[35] Sun X, Qiu J, Li X, et al. An improved wide input voltage buck-boost + LLC cascaded converter [C]. 2015 IEEE Energy Conversion Congress and Exposition (ECCE), 2015: 1473-1478.
[36] Rahman A N, Chiu H, Hsieh Y. Design of wide input voltage range high step-up DC-DC converter based on secondary-side resonant tank full bridge LLC[C]. 2018 3rd International Conference on Intelligent Green Building and Smart Grid (IGBSG), 2018: 1-6.
[37] Deng S, Mao H, Batarseh I, et al. A new peak current mode control scheme for half-bridge DC-DC converters[C]. 2004 IEEE 35th Annual Power Electronics Specialists Conference, 2004: 3734-3738.
[38] Chen Y, Wang W, Wu H. Output voltage distortion compensation for half-bridge inverters[C]. 2007 European Conference on Power Electronics and Applications, 2007: 1-7.
[39] Roasto I, Vinnikov D, Lehtla T. Analysis of capacitor-related mid-voltage point shift problems in high-voltage half-bridge DC/DC converters [C]. 2008 IEEE Power Electronics Specialists Conference, 2008: 3619-3622.
[40] 谢顺依，刘小虎. 一种基于 DSP 的桥式变换器偏磁校正方案研究[J]. 海军工程大学学报, 2004(01): 45-47.
[41] Wen H, Jiao D, Lai J. Optimal design methodology for high frequency GaN based step-up LLC resonant converter[C]. 2019 IEEE 4th International Future Energy Electronics Conference (IFEEC), 2019: 1-5.
[42] Lee F C, Peng D. Power electronics building block and system integration[C]. 2000 Third International Power

Electronics and Motion Control Conference, 2000: 1-8.

[43] Chen W, Zhang K, Ruan X. A input-series-output-parallel-connected inverter system for high-input-voltage applications[J]. IEEE Transactions on Power Electronics, 2009, 24(9): 2127-2137.

[44] Qu L, Zhang D, Bao Z. Output current-differential control scheme for input-series-output-parallel-connected modular dc–dc converters[J]. IEEE Transactions on Power Electronics, 2017, 32(7): 5699-5711.

[45] Vinnikov D, Laugis J. High voltage auxiliary power supply with the simplified power circuit topology for the DC trains[C]. 2007 9th International Conference on Electrical Power Quality and Utilisation, 2007: 1-6.

[46] Giri R, Choudhary V, Ayyanar R, et al. Common-duty-ratio control of input-series connected modular DC-DC converters with active input voltage and load-current sharing[J]. IEEE Transactions on Industry Applications, 2006, 42(4): 1101-1111.

[47] Shi J, Luo J, He X. Common-duty-ratio control of input-series output-parallel connected phase-shift full-bridge DC-DC converter modules[J]. IEEE Transactions on Power Electronics, 2011, 26(11): 3318-3329.

[48] Vorperian V. Synthesis of medium voltage dc-to-dc converters from low-voltage high-frequency PWM switching converters[J]. IEEE Transactions on Power Electronics, 2007, 22(5): 1619-1635.

[49] 陈武，曹远志，崔红芬，等. 模块化输入串联输出串联高压直流组合系统分布式均压控制策略[J]. 电工技术学报, 2015, 30(03): 187-195.

[50] 程璐璐，阮新波. 输入串联输出并联直流变换器建模与解耦控制[J]. 电源学报, 2006(4): 290-296.

[51] Siri K, Willhoff M, Truong C, et al. Uniform voltage distribution control for series-input parallel-output, connected converters[C]. 2006 IEEE Aerospace Conference, 2006: 1-11.

[52] 陈武，王广江，阮新波. 基于输出电压上翘特性的串-并型组合变换器无互联均压控制策略[J]. 电工技术学报, 2013, 28(10): 188-194.

[53] Chen W, Wang G, Ruan X, et al. Wireless input-voltage-sharing control strategy for input-series output-parallel (ISOP) system based on positive output-voltage gradient method[J]. IEEE Transactions on Industrial Electronics, 2014, 61(11): 6022-6030.

[54] Chen W, Wang G. Decentralized voltage-sharing control strategy for fully modular input-series-output- series system with improved voltage regulation[J]. IEEE Transactions on Industrial Electronics, 2015, 62(5): 2777-2787.

[55] Wang J, Shaolin Y, Zhang X. Effect of key physical structures on the laminated bus bar inductance [C]. 2016 IEEE 8th International Power Electronics and Motion Control Conference (IPEMC-ECCE Asia), 2016: 3689-3694.

[56] Geng C, He F, Zhang J, et al. Partial stray inductance modeling and measuring of asymmetrical parallel branches on the bus-bar of electric vehicles[J]. Energies (Basel), 2017, 10(10): 1519.

[57] Zhang Z, Liu C, Wang M, et al. High-efficiency high-power-density CLLC resonant converter with low-stray-capacitance and well-heat-dissipated planar transformer for EV on-board charger[J]. IEEE Transactions on Power Electronics, 2020, 35(10): 10831-10851.

[58] Plesca A. Thermal analysis of busbars from a high current power supply system[J]. Energies (Basel), 2019, 12(12): 2288.

[59] Liang Z, Hu S, Wang M, et al. DC-Link busbar network design and evaluation method for the large-capacity power electronic converter[J]. IEEE Journal of Emerging and Selected Topics in Power Electronics, 2021, 9(4): 4137-4145.

[60] Liu B, Li W, Meng D, et al. Low-stray inductance optimized design for power circuit of SiC-MOSFET-based inverter[J]. IEEE Access, 2020, 8: 20749-20758.

[61] Dongye Z, Qi L, Liu K, et al. Coupled inductance model of full-bridge modules in hybrid high voltage direct

current circuit breakers[J]. IEEE Transactions on Industrial Electronics, 2020, 67(12): 10315-10324.

[62] Wang K, Wang L, Yang X, et al. A multiloop method for minimization of parasitic inductance in GaN-based high-frequency DC–DC converter[J]. IEEE Transactions on Power Electronics, 2017, 32(6): 4728-4740.

[63] Krishna Moorthy R S, Aberg B, Olimmah M, et al. Estimation, minimization, and validation of commutation loop inductance for a 135-kW SiC EV traction inverter[J]. IEEE Journal of Emerging and Selected Topics in Power Electronics, 2020, 8(1): 286-297.

[64] Xie Y, Zhu H, Li B, et al. Optimization of laminated busbar for three-level NPC topology using SiC module[C]. 2020 IEEE 9th International Power Electronics and Motion Control Conference (IPEMC2020-ECCE Asia), 2020: 302-307.

[65] Zhang N, Wang S, Zhao H. Develop parasitic inductance model for the planar busbar of an IGBT H bridge in a power inverter[J]. IEEE Transactions on Power Electronics, 2015, 30(12): 6924-6933.

[66] Schanen J L, Clavel E, Roudet J. Modeling of low inductive busbar connections[J]. IEEE Industry Applications Magazine, 1996, 2(5): 39-43.

[67] 刘博，刘伟志，董侃，等. 基于全碳化硅功率组件的变流器母排杂散电感解析计算方法[J]. 电工技术学报, 2021, 36(10): 2105-2114.

[68] 金祝锋，李威辰，胡斯登，等. 大容量电力电子装置中母排杂散电感提取方法的优化研究[J]. 电工技术学报, 2017, 32(14): 1-7.

[69] 李广卓，阮杰，刘畅，等. 多层叠层母排杂散电感频率特性分析[J]. 高电压技术, 2019, 45(07): 2101-2107.

[70] Lu B, et al. Determination of stray inductance of low-inductive laminated planar multiport busbars using vector synthesis method[J]. IEEE Transactions on Industrial Electronics, 2020, 67(2): 1337-1347.

[71] 汪鋆，杨兵建，徐枝新，等. 750kVA 高功率密度二极管钳位型三电平通用变流模块的低感叠层母线排设计[J]. 中国电机工程学报, 2010, 30(18): 47-54.

[72] Zare F, Ledwich G F. Reduced layer planar busbar for voltage source inverters[J]. IEEE Transactions on Power Electronics, 2002, 17(4): 508-516.

[73] Zare F, Ledwich G. A plane busbar impedance calculation using Maxwell's equations[C]. 1999 Eleventh International Symposium on High Voltage Engineering, 1999: 148-151.

[74] Yuan L, Li G, Yu H, et al. Improvement for planar bus bars of high power inverters based on segmented evaluation of stray parameters[C]. 2013 International Conference on Electrical Machines and Systems (ICEMS), 2013: 1782-1787.

[75] Pasterczyk R J, Martin C, Guichon J M, et al. Planar busbar optimization regarding current sharing and stray inductance minimization[C]. 2005 European Conference on Power Electronics and Applications, 2005: 1-9.

[76] Zhang B, Wang S. Parasitic Inductance modeling and reduction for wire-bonded half-bridge SiC multichip power modules[J]. IEEE Transactions on Power Electronics, 2021, 36(5): 5892-5903.

[77] Deshpande A, Luo F. Multilayer busbar design for a Si IGBT and SiC MOSFET hybrid switch based 100 kW three-level T-type PEBB [C]. 2017 IEEE 5th Workshop on Wide Bandgap Power Devices and Applications (WiPDA), 2017: 20-24.

[78] Zou G, Zhao Z, Yuan L. Study on DC busbar structure considering stray inductance for the back-to-back IGBT-based converter[C]. 2013 Twenty-Eighth Annual IEEE Applied Power Electronics Conference and Exposition (APEC), 2013: 1213-1218.

[79] Liu B, Ren R, Jones E A, et al. Effects of junction capacitances and commutation loops associated with line-frequency devices in three-level AC/DC converters[J]. IEEE Transactions on Power Electronics, 2019, 34(7): 6155-6170.

[80] Gui H, Chen R, Zhang Z, et al. Methodology of low inductance busbar design for three-level converters[J].

IEEE Journal of Emerging and Selected Topics in Power Electronics, 2021, 9(3): 3468-3478.

[81] Yuan Z, Peng H, Deshpande A, et al. Design and evaluation of laminated busbar for three-level T-type NPC power electronics building block with enhanced dynamic current sharing[J]. IEEE Journal of Emerging and Selected Topics in Power Electronics, 2020, 8(1): 395-406.

[82] Smirnova L, Juntunen R, Murashko K, et al. Thermal analysis of the laminated busbar system of a multilevel converter[J]. IEEE Transactions on Power Electronics, 2016, 31(2): 1479-1488.

[83] 赵清良，刘清，曾明高. 城轨地铁车辆辅助电源系统研究与发展[J]. 机车电传动, 2012(01): 52-57.

[84] 郭晓燕. 铁道机车车辆的辅助电源系统[J]. 机车电传动, 2008(04): 16-19.

[85] Bruckner T, Bernet S, Steimer P K. Feedforward loss control of three-level active NPC converters[J]. IEEE Transactions on Industry Applications, 2007, 43(6): 1588-1596.

[86] Gurpinar E, Yang Y, Iannuzzo F, et al. Reliability-driven assessment of GaN HEMTs and Si IGBTs in 3L-ANPC PV inverters[J]. IEEE Journal of Emerging and Selected Topics in Power Electronics, 2016, 4(3): 956-969.

[87] Teymour H R, Sutanto D, Muttaqi K M, et al. Solar PV and battery storage integration using a new configuration of a three-level NPC inverter with advanced control strategy[J]. IEEE Transactions on Energy Conversion, 2014, 29(2): 354-365.

[88] Garcia Campanhol L B, Oliveira Da Silva S A, de Oliveira A A, et al. Dynamic performance improvement of a grid-tied PV system using a feed-forward control loop acting on the NPC inverter currents[J]. IEEE Transactions on Industrial Electronics (1982), 2017, 64(3): 2092-2101.

[89] Schweizer M, Friedli T, Kolar J W. Comparative evaluation of advanced three-phase three-level inverter/converter topologies against two-level systems[J]. IEEE Transactions on Industrial Electronics, 2013, 60(12): 5515-5527.

[90] Igarashi S, Miyashita S, Wakimoto H, et al. Advanced three-level converter with newly developed 1200V reverse blocking IGBTs[C]. Proceedings of the 2011 14th European Conference on Power Electronics and Applications, 2011: 1-7.

[91] 郭小强，朱铁影，魏宝泽，等. 飞跨电容多电平光伏逆变器共模电流抑制技术[J]. 中国电机工程学报, 2016, 36(18): 4962-4969.

[92] Liu P, Duan S, Yao C, et al. A double modulation wave CBPWM strategy providing neutral-point voltage oscillation elimination and CMV reduction for three-level NPC inverters[J]. IEEE Transactions on Industrial Electronics, 2018, 65(1): 16-26.

[93] Wang S, Song W, Feng X. A novel CBPWM strategy for single-phase three-level NPC rectifiers in electric railway traction[C]. IEEE 2nd International Future Energy Electronics Conference (IFEEC), 2015: 1-6.

[94] 吕广强，顾星. 能量回馈单元中双载波 SVPWM 环流抑制研究[J]. 电力工程技术, 2019, 38(4): 165-170.

[95] 孙超，邱颖宁，冯延晖. 基于 SVPWM 扇区号的三相变流器开路故障诊断[J]. 电力工程技术, 2020, 39(02): 178-185.

[96] 费万民，吕征宇，姚文熙. 三电平逆变器特定谐波消除脉宽调制方法的研究[J]. 中国电机工程学报, 2003,23(09): 11-15.

[97] 谷鑫，姜勃，耿强，等. 基于 3 次谐波控制及脉冲波动分析的三电平 SHE-PWM 调制优化策略[J]. 电工技术学报, 2015, 30(07): 88-96.

[98] Xia C, Zhang G, Yan Y, et al. Discontinuous space vector PWM strategy of neutral-point -clamped three-level inverters for output current ripple reduction[J]. IEEE Transactions on Power Electronics, 2017, 32(7): 5109-5121.

[99] Jiang W, Jiang H, Liu S, et al. A carrier-based discontinuous PWM strategy for T-type three-level converter

with reduced common mode voltage, switching loss, and neutral point voltage control[J]. IEEE Transactions on Power Electronics, 2022, 37(2):1761-1771.

[100] 周卫平，吴正国，唐劲松，等. SVPWM 的等效算法及 SVPWM 与 SPWM 的本质联系[J]. 中国电机工程学报, 2006, 26(2): 133-137.

[101] 李涛，张晓锋，乔鸣忠. SPWM 与 SVPWM 的宏观对等性研究[J]. 中国电机工程学报，2010, 30(S1): 178-184.

[102] 韩祥鹏. T 型三电平逆变器 PWM 调制策略的研究[D]. 南昌：华东交通大学, 2018.

[103] 杜会卿，刁利军，陈杰，等. 三相电压源逆变器最小损耗 PWM 算法性能优化[J]. 中国电机工程学报, 2016, 36(11): 3005-3016.

[104] 任康乐，张兴，王付胜，等. 中压三电平并网逆变器断续脉宽调制策略及其输出滤波器优化设计[J]. 中国电机工程学报, 2015, 35(17): 4494-4504.

[105] Gohil G, Maheshwari R, Bede L, et al. Modified discontinuous PWM for size reduction of the circulating current filter in parallel interleaved converters[J]. IEEE Transactions on Power Electronics, 2015, 30(7): 3457-3470.

[106] Holmes D G, Lipo T A. Pulse width modulation for power converters: principles and practice [M]. NewYork: Wiley IEEE Press, 2003.

[107] 文小玲，尹项根，张哲. 三相逆变器统一空间矢量 PWM 实现方法[J]. 电工技术学报，2009, 24(10): 87-93.

[108] 安少亮，孙向东，陈樱娟，等. 一种新的不连续 PWM 统一化实现方法[J]. 中国电机工程学报，2012, 32(24): 59-66.

[109] 马丰民，吴正国，侯新国. 基于统一 PWM 调制器的随机空间矢量调制[J]. 中国电机工程学报, 2007(07): 98-102.

[110] Hava A M, Kerkman R J, Lipo A. A high performance generalized discontinuous PWM algorithm[J]. IEEE Transactions on Industry Applications, 1998, 34(5): 1059-1071.

[111] Das S, Narayanan G, Pandey M . Space-vector-based hybrid pulsewidth modulation techniques for a three-level inverter[J]. IEEE Transactions on Power Electronics, 2014, 29(9): 4580-4591.

[112] 谷鑫，刘潮，张国政，等. 三电平逆变器同步不连续空间矢量调制输出电流优化策略[J]. 电工技术学报, 2019, 34(05): 924-933.

[113] Rathore A K, Holtz J, Boller T. Synchronous optimal pulse width modulation for low-switching-frequency control of medium-voltage multilevel inverters[J]. IEEE Transactions on Industrial Electronics, 2010, 57(7): 2374-2381.

[114] Chen W, Sun H, Gu X, et al. Synchronized space-vector PWM for three-level VSI with lower harmonic distortion and switching frequency[J]. IEEE Transactions on Power Electronics, 2016, 31(9): 6428-6441.

[115] Xia C, Zhang G, Yan Y, et al. Discontinuous space vector PWM strategy of neutral-point-clamped three-level inverters for output current ripple reduction[J]. IEEE Transactions on Power Electronics, 2017, 32(7): 5109-5121.

[116] Picas R, Ceballos S, Pou J, et al. Closed-loop discontinuous modulation technique for capacitor voltage ripples and switching losses reduction in modular multilevel converters[J]. IEEE Transactions on Power Electronics, 2015, 30(9): 4714-4725.

[117] 高瞻，李耀华，葛琼璇，等. 适用于大功率三电平中点钳位整流器的 SVPWM 和 DPWM 策略研究[J]. 电工技术学报, 2020, 35(23): 4864-4876.

[118] 梁政锋. 三电平逆变器的 PWM 调制策略研究[D]. 成都：电子科技大学, 2016.

[119] 姜卫东，王群京，史晓锋，等. 中点箝位型三电平逆变器在空间矢量调制时中点电位的低频振荡[J]. 中

国电机工程学报, 2009, 29(3): 49-55.

[120] Ren K, Zhang X, Wang F, et al. Carrier-based generalised discontinuous pulse-width modulation strategy with flexible neutral-point voltage control and optimal losses for a three-level converter[J]. IET Power Electronics, 2016, 9(9): 1862-1872.

[121] Charumit C, Kinnares V. Discontinuous SVPWM techniques of three-leg VSI-fed balanced two-phase loads for reduced switching losses and current ripple[J]. IEEE Transactions on Power Electronics, 2015, 30(4): 2191-2204.

[122] Lee J, Yoo S and Lee K. Novel discontinuous PWM method of a three-level inverter for neutral-point voltage ripple reduction[J]. IEEE Transactions on Industrial Electronics, 2016, 63(6): 3344-3354.

[123] 王培侠. 三电平逆变器的数种新型调制策略的研究[D]. 合肥: 合肥工业大学, 2019.

[124] 罗晓飞, 孙彦广, 宋克俭, 等. 应用于NPC型逆变器的三电平不连续PWM方法[J]. 工程科学学报, 2016, 38(04): 581-588.